U0009885

我們每個人都能為保護和關愛地球做一點事。

我們的生活方式，

要能讓我們的下一代子孫有一個未來。

我們的生命，就是我們要傳遞的訊息。

一行禪師

# 目次

## 第一部 集體覺醒



## 第二部 我們的行動是我們的訊息

## 第三部 正念生活修習

# 集體覺醒

# A Collective Awakening

©Carmine shot

# 第一章 正念鐘聲

正念的鐘聲正在呼喚我們、要我們醒來，提醒我們深觀人類對地球的影響。

正念的鐘聲響起。世界各地正經歷水災、乾旱和嚴重的山林野火。北極冰雪在溶解。在世界各地，颶風和熱浪奪去數以千計的生命、森林迅速消失、沙漠日漸擴大，每天都有生物瀕臨絕種，然而人類持續過度消耗，忽略了已經響起的鐘聲。

我們都知道，美麗的綠色家園正面臨危機。我們的生活方式影響著各種動物和植物，但我們卻活得像自己的生活和周遭世界的狀況無關。我們就像夢遊的人，不知道自己在做什麼，不知道自己要到哪裡。能否覺醒，取決於我們能否以正念在大地上行走。所有生命的未來，包括我們的未來，取決於我們正念的步伐。請聽聽在全球響起的正念鐘聲。我們應該開始學習如何生活，以確保子孫能有未來。

我和佛陀共坐良久，向他諮詢全球暖化的問題。佛陀的教導非常清晰：如果我們延續一貫的生活方式，持續消耗而不想及未來、繼續破壞森林、釋出過量的二氧化碳，那麼破壞性的氣候轉變將無可避免：生態環境將受破壞、海水上升、沿海的城市將被淹沒、數百萬人將被迫逃離家園，隨之將引起戰爭及爆發傳染病。

我們需要集體覺醒。在我們當中有些人已經醒覺了，但那並不夠，因爲大部分人仍然活在夢中。我們建立了體制卻不能駕馭它，令自己成爲它的奴隸和受害者。很多人想擁有房子、汽車、冰箱、電視等等的東西，因此而犧牲時間和生命換取這些東西。我們時刻被時間追趕著。

從前，我們會花三個小時喝一杯茶，享受寧靜舒適的環境，享受好友相伴；我們會安排朋友共聚，一同慶祝花園裡蘭花的盛放，現在卻捨不得付出這樣的時間。我們相信時間就是金錢。我們建立的社會令富者越富、貧者越貧。人人只顧自己面對的問題，無暇關顧人類這個大家庭或者整個地球所發生的事。在我心裡，我看到了一群雞在籠子裡爲了幾顆穀粒爭奪，沒有覺察到幾小時後牠們全都會被宰割。

在中國、印度、越南和其他開發中國家，人們憧憬著「美國夢」，以爲這是人類最終的目標──每個人都擁有自己的汽車、銀行戶頭、手機和電視。二十五年後，中國的人口將達到十五億，如果每個人眞的都擁有了私家車，中國每天將耗用九千九百萬桶汽油。現今全球的汽油產量才八千四百萬桶，即是說，美國夢不可能在中國、印度或越南實現。美國夢也再不能在美國存在了。我們不能繼續這樣生活，這不是一個永續的運作模式。

我們需要另一個夢：希望擁有兄弟姐妹之情、分享仁愛慈悲的夢。這個夢想，在此時此地就能實現。我們有佛法、有方法，有足夠的智慧實現這個夢想。正念是覺醒的關鍵。修習正念呼吸，活在當下，覺察我們之內和周圍發生的事情。如果內心感到絕望，要即時覺察它和處理它，可能我們並不想面對這個心念，但它是眞實存在的，我們需要覺察它以轉化它。

我們不需要因全球暖化而絕望；我們可以行動。如果只是簽署了請願書，然後就忘掉，那沒有多大的作用，我們在個人和集體的層面都要有即時的行動。我們都願能生活在和平、永續的環境，但很多人缺乏的，是用具體的行動在日常實踐可永續生活的承諾。我們自己都沒有做好，因此不能只是抱怨政府和企業沒有處理好化學物，招致食物及水的污染；也不能只是抱怨居住的地區有暴力事件，或者發生奪去了無數生命的戰爭。這是覺醒的時候，讓我們一起行動。

我們目睹暴力、貪污和破壞性的事件在周遭發生，但法律不足以控制迷信、殘酷和濫用權力，只有信心和決心能幫助我們避免墮入絕望的深淵。

佛教是最強大的人道主義，能夠幫助我們學習做個有責任感、慈悲和仁愛的人。每一位佛法修習者都應該是環境的保護者。我們有能力決定地球的命運。如果能覺察人類生活的真實處境，集體意識就能改變。我們需要採取行動喚醒大衆，我們要幫助佛陀喚醒活在夢中的人。

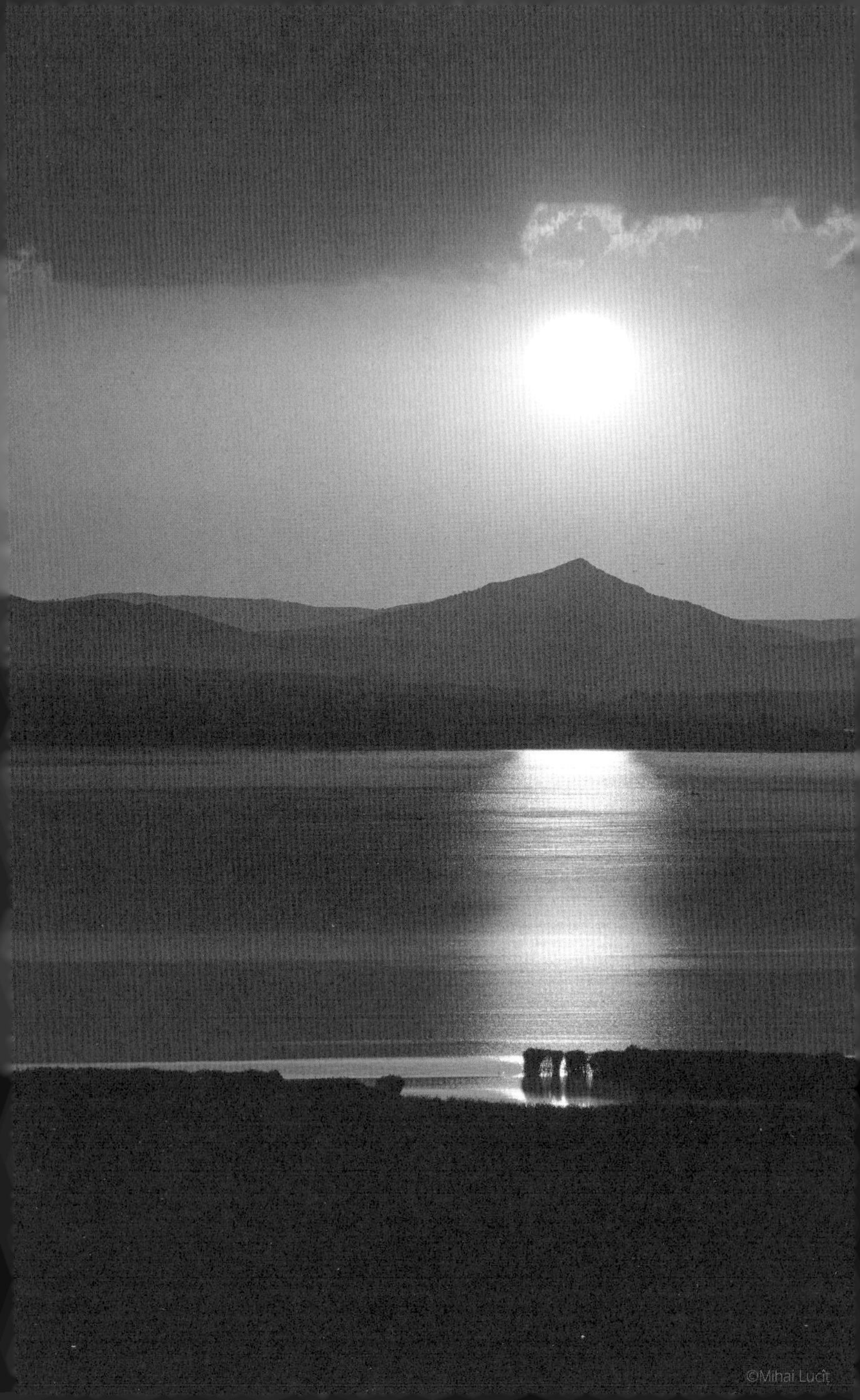

# 第二章 全球倫理

建立手足情誼之道，
比任何思想體系或宗教更珍貴。

萬物乃至佛陀都在不斷轉變和進化。感恩有深入觀照的修行，我們覺察到現代人的痛苦和悉達多那個時代的並不一樣，因此現代的修行方法也應有所不同。我們心中的佛陀需要演變，佛陀才能和我們這個時代連接。

這個時代的佛陀可以使用電話，甚至手機，但不會受到手機的束縛；這個時代的佛陀懂得如何避免生態破壞和全球暖化，不會破壞美麗的地球，也不會浪費時間與別人比較。

現代佛陀要把全球倫理獻給全世界，幫助每一個人步上正確的道路。沒有全球倫理就不可能有世界融和。現代佛陀希望重建和諧、培養兄弟姐妹之情、保護地球上所有的物種、避免森林遭到砍伐以及減少有毒氣體的排放。

你就是佛陀的延續，能夠幫助這個世界避免生態環境破壞、減少暴力和沮喪等負面能量，能夠幫助佛陀延續二千六百年前開始的工作，這是件很美妙的事情。

地球上有不同的物種，所有物種都相互依賴，才能生存並彰顯自身的美麗。我們不但在彼此身外，也在彼此之內。用雙臂和心擁抱大地，保存這個美麗的星球、保護所有物種，這非常重要。

在《妙法蓮華經》這部佛經裡，曾提到一位很特別的菩薩——持地菩薩

（Dharanimdhara），祂是保存和護守大地的菩薩。持地菩薩是一種能量，能把世間萬物連繫在一起。祂就像工程師或建築師，爲我們建造一個可以共存的空間，鋪設橋樑讓我們從此處到達彼處、開闢道路讓我們走到所愛的人那裡。祂的工作是加強人類和其他物種的溝通以及護守環境。根據記載，當佛陀想要探望已過世的母親時，就是持地菩薩爲他築路。雖然在《妙法蓮華經》中，沒有一個獨立的章節講述持地菩薩，但我們該認識這位菩薩，從而協助祂，爲祂寫下新的篇章，因爲在全球化的年代，我們非常需要持地菩薩。

當你細心觀察一顆橘子並深入觀照，你會看到聚合在一起成爲橘子的所有元素。不僅是那一片橘子肉屬於橘子，皮和核也是橘子的一部分，那是我們所說的「橘子宇宙觀」。橘子裡面的所有部分都屬於橘子，但橘子皮仍然是橘子皮、橘子核仍然是橘子核、橘子肉仍然是橘子肉。我們的世界也是一樣，社會已經走向國際性和全球化，但法國人依然是法國人，日本人依然是日本人；佛教徒依然是佛教徒，基督徒依然是基督徒。橘子皮繼續是橘子皮，橘子肉繼續是橘子肉；橘子肉並不需要變成橘子皮，才能達致和諧。

然而，如果沒有全球倫理，即佛陀所提出的五項正念修習（五戒），就不可能有和諧。五項正念修習是培養手足之情、理解與愛，保護自己和保護地球的修習。在全球面臨危機的時代，這是我們應該追隨的道路。五項正念修習是正念的具體實踐，無分派系，也沒有任何宗教、種族或思想體系的印記；它們的本質普及全世界，並不一定是佛教徒才能修習，也適合不同宗教人士：基督徒、猶太人、回教徒……以及不同國籍人士：法國人、日本人、中國人、美國人……所有能夠帶來覺醒，培養理解、互相接納和愛的修習，都是佛教的一部分，即使其中沒有佛教的用語。

你可以鼓勵朋友回到他們自己的根源，發掘在他們傳統中（無論是伊斯蘭教、猶太教、基督教或其他的傳統）相等於五項正念修習的部分。

當你實踐五項正念修習，你即成爲幫助滋養和諧、保護環境、保衛和平以及培養手足情誼的菩薩。你不僅護衛自己的文化，也護衛其他文化以及在大地上所有美麗的事物。心存五項正念修習，你就是走在轉化和療癒的大道上了。

## 五項正念修習

五項正念修習代表了佛教對於靈性和倫理層面的全球觀點，具體地表達了佛陀所教導的四聖諦、八正道、眞愛以及正確的瞭解之道，爲我們和世界帶來療癒、轉化和幸福。實踐五項正念修習，培養相卽的智慧，卽正確的見解，能夠消除分別心、固執、歧視、憤怒、恐懼和絕望。依據五項正念修習來生活，我們就是走在菩薩道上。走在這條道路上，我們不會迷失於現前的生活中，也不會對未來感到恐懼。

## 第一項正念修習：尊重生命

覺知到殺生所帶來的痛苦，我承諾培養相即的智慧和慈悲心，學習保護人、動物、植物和礦物的生命。我決不殺生，不讓他人殺生，也不會在思想或生活方式上，支援世上任何殺生的行為。我知道暴力行為是由恐懼、貪婪和缺乏包容所引起的，同時是源於二元思想和分別心。我願學習對任何觀點、主張和見解都保持開放、不歧視和不執著的態度，藉以轉化我內心和世界上的暴力、盲從和對教條的執著。

## 第二項正念修習：真正的幸福

覺知到社會不公義、剝削、偷竊和壓迫所帶來的痛苦，我承諾在思想、說話和行為上，修習慷慨分享。我決不偷取或佔有任何屬於他人的東西。我會和有需要的人分享我的時間、能量和財物。我會深入觀察，以瞭解他人的幸福、痛苦和我的幸福、痛苦之間緊密相連；沒有瞭解和慈悲，不會有真正的幸福；追逐財富、名望、權力和感官的快樂會帶來更多痛苦和絕望。我知道真正的幸福取決於我的心態和對事物的看法，而不是外在條件。如果能夠回到當下此刻，我們會覺察到快樂的條件已然具足；懂得知足，就能幸福地生活於當下。我願修習正命，即正確的生活方式，藉以幫助減輕眾生的苦痛和逆轉地球暖化。

## 第三項正念修習：真愛

覺知到不適當的性行為所帶來的痛苦，我承諾培養責任感，學習保護個人、家庭和社會的誠信和安全。我知道性欲並不等於愛，基於貪欲的性行為會為自己和他人帶來傷害。如果沒有真愛，沒有長久和公開的承諾，我不會和任何人發生性行為。我會盡力保護兒童免受性侵犯，同時防止伴侶和家庭因不適當的性行為而遭受傷害與破壞。認識到身心一體，我承諾學習用適當的方法照顧我的性能量，培養慈、悲、喜、捨這四個真愛的基本元素，藉以令自己和他人更加幸福。修習真愛，我知道生命將會快樂、美善地延續到未來。

# 第四項正念修習：愛語和聆聽

覺知到說話缺少正念和不懂得細心聆聽所帶來的痛苦，我承諾學習使用愛語和慈悲聆聽，為自己和他人帶來快樂、減輕苦痛，以及為個人、種族、宗教和國家帶來平安，促進和解。我知道說話能帶來快樂，也能帶來痛苦。我承諾真誠地說話，使用能夠滋養信心、喜悅和希望的話語。當我感到憤怒時，我決不講話。我將修習正念呼吸和正念步行，深觀憤怒的根源，覺察我的錯誤認知，設法瞭解自己和他人的痛苦。我願學習使用愛語和細心聆聽，幫助自己和他人轉化痛苦，找到走出困境的路。我決不散播不確實的消息，也不會說引起家庭和團體不和的話。我將修習正精進，滋養愛、瞭解、喜悅和包容，逐漸轉化深藏我心識之內的憤怒、暴力和恐懼。

## 第五項正念修習：滋養和療癒

覺知到沒有正念的消費所帶來的痛苦，我承諾修習正念飲食和消費，學習方法以轉化身心和保持身體健康。我將深入觀察包括飲食、感官、意志、和心識的四種食糧，避免攝取有毒的食糧。我決不投機或賭博，也不飲酒、使用麻醉品或接觸其他帶有毒素的東西，例如某些網站、電子遊戲、電視節目、電影、書刊和談話。我願學習回到當下此刻，接觸在我之內和周圍清新、療癒和滋養的元素。我不會讓後悔和悲傷把我帶回過去，也不會讓憂慮和恐懼把我從當下此刻拉走。我不會用消費來逃避孤單、憂慮或痛苦。我將修習觀照萬物相即的本性，學習正念消費，藉以保持自己、家庭、社會和地球上眾生的身心平安和喜悅。

第一項正念修習，我們發願珍惜地球上所有的生命，不支持任何殺生的行爲；第二項正念修習，我們誓言修習佈施，慷慨分享，不支持社會上任何不公平和壓迫行爲；第三項正念修習，我們承諾在關係上負責任，避免陷入不適當的性行爲；第四項正念修習，提醒我們修習愛語和用心聆聽，以減輕他人的痛苦。

正念受用和正念飲食是第五項正念修習的目的。這項修習是全球走出困境之道。當我們修習第五項訓練，我們清楚覺察到該受用什麼、不該受用什麼，以保持身心以及地球的健康，避免爲自己和他人帶來痛苦。正念受用是治療我們和治療地球的方法。透過這項修習，我們能幫助逆轉全球暖化。我們應該覺察到持地菩薩就在我們每一個人之中，我們應該讓自己成爲持地菩薩的雙手和臂膀，以便即刻開始行動。

或許你聽過，神在我們之中，或者佛陀在我們之中，但對於大多數人而言，這只是抽象的概念。對於佛陀是誰、神是誰，我們只有模糊的概念。在佛教傳統中，佛陀是存在我們之中的能量——念、定和慧的能量，帶來理解、慈悲、愛、喜悅、融和與無分別智。篤信基督傳統的朋友說聖靈是神的能量，有聖靈就有療癒和愛。我們也可以如此形容念、定和慧。念、定、慧帶來了理解、慈悲、寬恕、喜悅、轉化和療癒，那是佛陀的力量。如果你充滿這些力量，最少在當下的一刻，你就是佛陀。這些能量可以培養，也可以在你身上彰顯出來。

# 第三章 正念飲食

佛陀曾經告訴弟子這個故事：

一對夫婦和他們年幼的兒子計劃橫越浩瀚的沙漠，到另一個地方尋求安身處所。他們並沒有周詳的計劃，因此走到沙漠的半途糧食幾乎殆盡了。夫婦二人知道，如果找不到食物，一家三口將會餓死在沙漠之中，他們因而做了一個駭人的決定：殺死兒子，吃他的肉。

他們每天早上吃兒子身上的一小片肉，只夠他們往前走一小段路的力氣。他們經常哭叫：「我們的兒子在哪裡？」他們把兒子剩下的肉扛在胳膊上，好讓它在太陽下曬乾。每個晚上，這對夫妻互望著問對方：「我們心愛的孩子在哪裡？」

他們痛哭，拉扯自己的頭髮，痛苦地搥打胸口。最後他們終於橫越沙漠，到達他們要去的地方。

佛陀說畢故事，問諸比丘：「你們認爲這對夫妻享受吃兒子的肉嗎？」

「不，」諸比丘答。「在吃兒子的身體時，這對父母受著極大的痛苦。」

佛陀說：「我們要修習進食時心存慈悲。我們以正念進食，否則就是在吃親生孩子的肉。」

在《子肉經》(Puttamansa Sutta) 中，佛陀教導我們如何修習正念受用以保護我們的未來，我們其實在當下就能夠看到未來，如果當下是這個模樣，未來大概也會一樣，因爲未來建基於當下。爲了保護未來，我們在當下就要改變。把《子肉經》應用到日常生活中，我們就能拯救自己和地球。

地球現在的狀況，是由缺乏正念的生產和缺乏正念的受用消費造成的。我們以暴力對待自己的家園，因而要面對全球變化和災難性的氣候轉變。我們所創造的環境滋生暴力、仇恨、歧視和絕望。

現代人以爲身體是屬於自己的，因此他們可以用任何方式對待自己的身體。「我們有權過自己想過的生活。」他們說。法律也支持這項宣言，那是個人主義的顯現。但根據佛陀的教導，我們的身體並不是自己所擁有。我們的身體也屬於我們的祖先、父母和下一代。它也屬於社會和所有其他衆生。樹木、雲朵、泥土……所有元素聚合在一起帶來這個身體。我們的身體就如大地。

保持身體健康就是對整個宇宙、所有祖先和子孫表示感恩和忠誠。如果我們身體健康，所有人都得益——不僅人類，也包括動植物和礦物。這是菩薩戒之一。當我們實踐第五項正念修習，我們已經走在菩薩道上了。

我們是我們所受用的。深觀每天我們受用的一切，就會明白自己的本質。我們需要飲食和其他方面的受用，但如果缺乏正念，就可能會破壞自己的身體和心識，那即是對祖先、父母和子孫欠缺感恩。我們都知道，有時我們會打開冰箱拿出對身體無益的食物。我們有足夠的智慧覺察這個情況，但卻依然故我，進食有害的食物以掩蓋心中的不安。我們不斷受用、消費以短暫緩和擔憂和焦慮。佛陀建議，當焦慮或恐懼生起時，不應該以進食或消費壓抑這些情緒，而是邀請正念的力量顯現，透過修習正念步行和正念呼吸以產生正念的力量，邀請正念的力量擁抱令自己痛苦的能量。如果我們不修行，就無法有足夠的心力照顧恐懼和憤怒，轉而以進食以及消費，去壓制那些負面的能量。

佛陀建議每一位僧尼在乞食時手持一個缽。在佛教用語，這個缽稱爲「應量器」。這個缽的大小適中，讓我們知道適當的食量。我們不要食過量，因爲過量進食會帶來身體的疾病。在西方社會，肥胖已成爲健康問題，但在貧困國家的人卻每天吃不飽。我們忽視適量進食的原則，正念進食幫助我們知道應該吃什麼、吃多少。我們應該只進食適當的份量。我建議大家從今天開始，吃得比以前少一點。我看到適量地受用食物的人比較健康和快樂，過量進食的人卻可能承受著苦痛。如果我們小心咀嚼、如果我們只吃健康的食物，我們就不會爲自己的身心帶來疾病。

當我們用心進食，就能深深地接觸到食物。食物來自大自然、衆生和宇宙，以正念接觸食物，是感恩的表現，正念進食可以帶來莫大的喜悅。以筷子挾起食物，觀看食物一會兒，然後放進口裡以正念細意咀嚼最少五十次。如此修習，我們接觸到整個宇宙。

有些喜悅，帶來滋養和療癒，帶給我們寧靜、安逸，使我們平安和清新，幫助我們保持清明和清醒，這些都是我們所需的喜悅；有些喜悅，會帶來痛苦，例如吃不健康的食物、飲酒、吃太多甜食和受用有毒害的物質帶來的短暫愉悅。我們要分辨這兩種喜悅：一種帶來滋養和療癒，另一種具破壞性。

我們所吃的食物能表現出宇宙、大地、眾生和我們的相互關連。我們吃的每一口蔬菜、每一滴醬油、每一片豆腐都蘊藏著太陽和大地。在一片麵包之中，我們能見到和嚐到整個宇宙！在那些珍貴的食物之中，能見到生命的意義和價值。

能和家人或朋友共坐享受美妙的食物，那是非常難得的，並不是每個人都有這樣的機會。世上有許多人正面臨飢餓。當我手持一碗飯或一片麵包，我知道自己非常幸運，我對所有缺乏食物、沒有家人和朋友的人生起慈悲心。這是很深入的修習，但並不需要到寺院或教堂才能做這個修習。此刻在飯桌前，我們就能如此修習。正念進食能培養慈悲和理解的種子，促使我們幫助正經歷飢餓和孤獨的人們。

二千多年來，許多佛教徒持素以培養對動物的慈悲。現在我們發現，素食可能是最有效對抗糧食不足和全球暖化的方法之一。畜牧業以飼養牲畜作爲人類的食物，所產生的氣體佔溫室氣體排放量的四分之一，對環境造成嚴重的破壞。

我們食用和製造食物的方法，對於其他生物、我們的身體和大地而言非常殘暴，我們的生存方式令大地之母深受傷害。飼養牲畜爲肉食是全球最大的水質污染之源；養殖農場及屠宰場排放的廢物流入河流、溪流和食用水中。僅在美國，數以千萬英畝的森林被移爲平地，用以種植農作物作牲畜飼料。珍貴的熱帶雨林保持地球清涼，爲動植物提供棲息地，卻被燒毀和砍伐用作牛隻的飼料。

我們生產數以萬噸的穀物，當中許多並非用作糧食，而是用以飼養牛隻以出售牛肉，或者釀酒之用。一個環境保護組織在二〇〇〇年對美國的農業生產作了以下的報告：根據國家玉米農民組織（National Corn Growers Association）的資料，百分之八十在美國種植的玉米用作飼養本土和海外牲畜、家禽和魚類。當你深入觀察一片肉，你會看到生產這片肉耗用了大量的穀物和水，也有大量的穀物和水用來釀酒。這些穀物足以養活每天數以萬計死於飢餓和營養不良的兒童。如果我們以正念喝酒，便會看到我們是在喝自己孩子的血，我們在吃自己的孩子、自己的父親和母親。我們把大地吃掉了。

我們要推動畜牧業轉變。如果我們停止消費，他們就會停止生產。進食肉類，令我們成為促使氣候暖化、破壞森林、污染空氣和水源的幫兇。成為素食者這個簡單的舉動，就能幫助改善地球的健康。如果你沒辦法完全不吃肉，仍然可以下決心減少食肉量，嘗試一個月之中十天或者五天不吃肉，就是在製造奇蹟。這個奇蹟能夠幫助解決發展中國家的飢餓問題，以及大幅減少釋出溫室氣體。

每次用膳，都是幫助還是傷害大地之母的選擇。「今天吃什麼？」不是一個簡單的問題。可能你會想在每天早上問自己這個問題。當你修習正念，開始深入觀察你吃的和喝的是什麼，想吃肉和喝酒的慾望就會減低。

佛教的傳統中，僧尼都是素食者。在中國和越南，許多在家修習者都是素食者，亦有些修習者每月有十天不食肉。我力勸你們每一位減少一半的肉食。最近幾次到訪美國，很多美國的修習者告訴我，他們承諾不吃肉，或減低食肉量百分之五十。集體覺醒已經開始，如果能承諾成爲素食者或者半素食者，在許下承諾的這一刻，我們就能感到安樂和幸福。集體覺醒能夠帶來全球的改變。

我們要修習正念消費，以保護自己、家庭、社會和地球。小孩、老師和家長都可以修習正念消費，組織團體的領袖也可以修習正念消費，並鼓勵其他人跟隨他們。如果你是個市長，你會想保護城市的居民，避免不正念消費爲你的城鎮帶來暴力和痛苦。卽使是世上最強的國家的總統，我們也可以鼓勵他正念消費。總統也有佛性，也有理解和慈悲的種子。

當我們走出小我的框架，看到我們和所有人以及萬物相連，也就能看到自己每一個舉動都影響到所有人類、整個宇宙。保持身體健康，即是對祖先、父母、子孫和社會表達慈愛。健康不單指身體的健康，也包括心理健康。正念消費為我們自己和地球帶來健康和療癒。

除了食物，正念消費也包括我們正在吸收和攝取的其他東西。佛陀在關於「四食」的經文中談到，我們攝取了四種的食糧，食物是其中一種。第二種食糧是感官印象的食糧，我們透過眼、耳、鼻、身體和心識攝取。當我們看電影、閱讀雜誌、看到一個廣告、聽到一些對話時，我們就是在攝取感官印象的食糧。有時我們攝取的是輕鬆的音樂、花園中清新的氣味或者我們周遭的美麗景物，但也有許多時候，我們攝取的東西含有大量毒素。當你在市區裡開車，有許多迎面所見的廣告內容進入了我們的身心；當你和某人談話，如果對方的話語充滿仇恨和暴力，那些話語就會留在你心中。當一名美國小孩完成兒童教育，他已經在電視上看到超過八千宗謀殺案和超過十萬個暴力行爲，兒童的身體因而累積了許多毒素。我們吸收的毒素，破壞了祖先和父母傳給我們的身體和心識。

佛陀用故事解說感官的攝取，這個故事是關於一頭患了皮膚病的牛。那頭牛的皮膚病非常嚴重，有些皮膚都脫落了，牠無力阻止各種昆蟲吸牠的血、吃牠的肉，無法保護自己。當這頭牛走到一棵古樹附近，寄居在樹幹上所有的微生物都爬到或飛到牠身上；當那頭牛躺下來的時候，在泥土中的微生物就會爬到牠身上；當牠走到水裡，水中的微生物就會吃牠的肉、吸牠的血。佛陀說，如果我們欠缺正念，就好像患了皮膚病的牛，任由毒素滲入損害我們的身心。

我們攝取的第三種食糧是意志或意願的食糧，所指的是我們最深切的願望，在生命中最想做的事情。想做某些事的意願，可以賦予我們極大的能量。佛陀用了一個非常清晰的例子說明：

某個城鎮旁有個盛滿熱炭的坑，任何人墮進坑裡都會被嚴重燒傷，然後痛苦死去。有一天，兩名非常壯碩的男人想把一名年輕男人推進坑裡。年輕人知道，如果掉下坑裡，他會嚴重受傷死去。他不肯走向火坑，但那兩名男子使勁推他往火坑裡去。

那兩個強壯的男人也在推著我們，他們代表我們的貪念。如果我們想獲得名利的意願非常強，這個意願可能把我們推向充滿痛苦的火坑，想受到別人的尊敬和讚賞也是一樣。對於性的渴望同樣會把我們推向火坑，製造許多痛苦。

如果我們渴望賺很多錢，這貪念也會推著我們。貪念消耗我們的能量，令我們沒有空間生起覺醒和正念。

我們攝取的第四種食糧是心識的食糧，這裡指的是我們整個心識，不單是意識，也包括無意識。佛陀曾講過一個關於心識的食糧的故事：

一名囚犯被判處死刑。皇帝下令士兵捉拿這名男子。士兵辦妥後，他們問皇帝應該如何處置這名囚犯。皇帝說：「到了早上，把他帶出去，刺他一百次。」士兵照著命令做，然後皇帝問：「那囚犯怎麼樣？你們有刺他一百次嗎？」士兵們答：「皇上，有的，但他仍未死。」於是皇帝說：「中午時再把他帶出去刺他一百次。」士兵們照著做，然後皇帝問：「怎麼樣了？」士兵們答：「他沒有死。」於是皇帝說：「傍晚時把他帶出去，再刺他一百次。」

佛陀講完故事後問：「眾比丘，你們想法如何？那男子痛苦嗎？」比丘們說：「世尊，被刺一百次的痛苦令人難以忍受，何況三百次？我們難以想像。」

在心識深處，我們被刺了許多次。在還未有人類以前，大地上已經存在許多痛苦。這是佛陀所說的第一聖諦，生命裡有「苦」（dukkha），無論是疾病、憤怒、絕望或抑鬱，我們可以用它的眞名字「苦」命名。祖先曾經歷的所有痛苦都在我們之內。這些痛苦，就是佛陀用一個囚犯被刺許多次來表達的痛苦。這些痛苦在我們的日常生活中延續。被某人的言語傷害了，會覺得是他刺傷了我們。然而，我們的思想可能在一天之中刺痛自己數百次。

我們的痛苦不僅是自己的痛苦，這是佛陀說的第二聖諦「集」的一部分。我們的痛苦，是所有祖先、人類或非人類的痛苦，也是這個時代集體心識中的痛苦。我們有基因遺傳，但同時和地球上所有生物相互依存。也許我們並非居住在戰區中，但在心識最深處，也受到在戰區裡民眾的痛苦所影響。可能在意識層面察覺不到，但在無意識的層面，我們卻能覺察到各地人們的痛苦。

當你感到痛苦時，覺知痛苦來自何處非常有用。你的痛苦是來自集體心識、基因遺傳，還是較早前某人對你說的話？當我們想著：「是他令我受苦。」那麼我們就難以轉化。如果我們埋怨地球暖化令我們受苦，而沒有看到我們的遺傳基因和所有其他因素，那麼要轉化這個痛苦會很困難。如果我們能看到自己的痛苦是一個更大心識的一部分，個人的痛苦便能減輕，痛苦因而得以止息。這是第三聖諦：「滅」。

佛陀說的第四聖諦「道」，是我們的苦可以透過正念而止息。如果人們不修習正念攝取四種食糧，我們就無法拯救這個地球。我們需要覺醒，這並不只是一個人的覺悟，而是整個人類的集體覺醒。我們每人每天都要接觸心中的佛性，令覺醒在我們之中以及在我們周圍的人之中顯現。只有人類集體覺醒才能拯救地球。

©AlmightyWorm

# 第四章 自然和非暴力

假設我們把一顆玉米種子種在濕潤的泥土裡，大概一星期後，種子發芽了，我們問玉米苗：「親愛的玉米苗，你記得你還是一顆玉米種子的時候嗎？」玉米苗可能已經忘記了，但我們一直在觀察玉米的成長過程，我們知道那棵玉米苗的確是來自一顆玉米種子。

當我們看著一棵植物，卻看不到種子，就以為種子已死，但其實種子沒有死，它只是長成植物而已。如果你能夠在玉米苗中看到玉米種子，那麼你便具備了佛陀所說的無分別智。你對種子和植物不存分別心，你看到它們彼此相互依存，它們是一樣的。你不可能從植物中取走種子，也不能從種子中取走植物。看著玉米幼苗，就知道玉米種子仍然存在，只是換了一個新的外表。那棵植物，就是種子的延續。

禪修能幫助我們看到其他人看不到的實相。深入觀察，我們看到父子、父女、母子、母女、玉米種子和玉米苗之間的密切關係。這就是為什麼我們需要修習，以覺悟我們互相依存的事實：一個人的痛苦，也是其他人的痛苦。如果回教徒和基督徒、猶太教徒和回教徒、以色列人和巴基斯坦人覺知他們彼此是兄弟姐妹，一方的痛苦也是另一方的痛苦，他們就會停止爭戰。如果我們看到，我們和所有眾生在本質上是一樣的，那麼彼此之間怎麼會有分別？怎麼會有衝突？當覺知到我們相即的本質，我們將停止埋怨、剝削和殺害眾生，因為我們知道彼此相互依存。要拯救大地，我們必須有如此的大醒覺。

人類往往將自己和自然界分隔開來。我們把其他動物和眾生分類為「大自然」，即在我們以外的東西，我們表現得與大自然分割開來，然後問：「我們該怎樣對待大自然？」我們該以對待自己的方式對待大自然——非暴力。人和大自然不可分割。我們不應該傷害自己，也不應該傷害大自然。傷害大自然等於傷害自己，相反亦然。

傷害其他人，即是傷害自己。過度積累財富、過度佔有地球的自然資源，便是剝削其他人的生存機會。一個不公平和壓迫某些群體的社會制度，會製造和加深貧富懸殊，形成社會不公平的現象。我們容忍過度富裕、不公平和戰爭，也沒有察覺到人類大家庭的痛苦；當大家庭中的某些成員受苦，少數人所享有的所謂安全和財富，只是一個幻象而已。

個人的命運和人類整體的命運相連，不可分割，這是很容易明白的事實。如果想生存，就得讓其他人也能生存。我們可以選擇的，只有共生或共滅。如果一個文明社會的成員，必須殺害和剝削別人才能生存，這並不是一個健康的文明社會。在一個健康的文明社會，每個人都能平等地享有教育、工作、食物、住屋、公民權、清潔的空氣和水源，以及在大地上自由遷徙和定居等權利。一個剝奪這些公民權利的政治和經濟制度，對整個人類地球村造成嚴重的傷害。我們必須覺察人類地球村正在發生的事情，以修補已經造成的破壞。

如果人類地球村要有和平，我們必須和諧共存。如果繼續把自己和世界其他部分分割、把自己困在狹隘的思想和眼前的問題之中，人類便不可能有和平。人類是大自然的一部分，我們必須要有如此的洞察，人與人之間才可能和諧共處。殘暴和混亂破壞人類地球村的和諧，也破壞了大自然。爲了療癒，我們的法律必須以非暴力的方式對待人類以及大自然。

我們每個人，以至所有人類都是大自然的一部分，我們應該和大自然和諧共處。大自然可以是殘酷的、具破壞力的，但我們必須以對待自己的方式，同樣對待人類社會和大自然。如果企圖主宰大自然或違反大自然的法則，大自然一定會反抗。要做大自然的親密朋友，與大自然和諧共處，對大自然有深入的瞭解。颱風、龍捲風、乾旱、洪水、火山爆發、蟲害，會對人類生命帶來危機。我們可以從土地應用開始，在進行建築的計劃和決策時，考慮土地的特性以大幅減低對大自然可能帶來的破壞，而不是以修建堤壩、砍伐森林、增加其他設施或政策，企圖支配大自然，這樣做最終會導致更大的傷害。

我們過度控制大自然，其中一個例子是使用驅蟲藥，無可避免地殺死許多昆蟲和雀鳥，擾亂生態平衡。經濟增長帶來的污染、消耗不可循環再用的資源等等這些破壞大自然的行徑，令其他生物無法在地球上存活。如此的經濟增長，表面上對某些人帶來短暫利益，其實是擾亂和破壞整個大自然。

如果個人、社會和大自然的和諧及平衡遭受破壞，人們便會生病，社會生病了，大自然也會生病。我們必須重建和諧及平衡，但如何做得到呢？要怎樣在個人、社會和大自然的層面開展療癒的工作？我們的工作必須涵蓋這三方面，當然不同範疇的人士傾向關注某一層面，如政治家便認爲，要拯救人類和大自然，必須有效重整社會制度，於是他們鼓勵所有人參與政治改革。

佛教的僧侶則好像心靈治療師，以精神健康的角度看待這些問題。禪修的目的就是讓修習者在生活中取得和諧與平衡。佛教的禪修同時著重身心發展，以呼吸作爲平靜、調和身心的工具。

在心理治療的過程中，治療師通常會安排接受治療的對象待在有利於重建和諧與平衡的環境，然後觀察一段時間，再給予建議。我也知道有一些療癒者，像是出家人，他們會先觀察自己，覺察到自己須從恐懼、緊張和絕望這些人類共有的負面心理狀態中解脫出來，才能幫助其他人。許多治療師認爲他們本身並無任何心理問題，但出家人覺知到自己也會感到恐懼、緊張，也有可能被現代社會和經濟制度中不人道的元素影響自己的心理素質。

佛教的修習者相信，當我們得到療癒，個人、社會和大自然相關連的本質就會顯現，我們的心將不再被緊張、恐懼和散亂所佔據。在個人、社會和大自然這三個範疇，改變必須由個人開始。要作出改變，個人需要有整體的健康，因此人需要一個有利於療癒的環境，選擇沒有破壞性的生活方式。改變自己和改變環境，兩者同樣重要。我們知道，如果一個人心中沒有和諧，就很難改變環境。

要重建心理健康，並不是要改變自己以適應現代社會急速的經濟增長。社會已經病了，如果勉強自己適應不良的環境並不能帶來眞正的健康。許多需要心理治療的人，其實是現代生活的受害者，現今的生活令人與人分隔、與家人分隔，重建心理健康的其中一個辦法就是搬到鄉村居住，在那裡耕作、種植自己的食物，在清澈的河裡洗衣服，過著與農民一樣的簡樸生活。

療癒要得到成效，須在環境上作出改變。政治活動是其中一項，但不是唯一的方法。以過度消費來麻醉自己，也不是辦法。經濟成長對生態環境的毒害、社區發生的暴力、趕時間的壓力、噪音、污染、孤獨的人群，這些都是心理疾病的源頭。我們所做的如果有助阻止這些源頭的蔓延，都是預防心理疾病的良藥。

把心理健康放在首位，意味我們也需要覺知到自己在整個人類大家庭中的責任，我們護守自己的同時，也要幫助別人免於患病。無論是出家人、教師、治療師、藝術家、工匠或政治家，我們都是人。如果不把自己所知所行的教導別人，我們會有精神問題。如果我們任由現狀持續下去，我們便會成爲恐懼、緊張和自我主義的受害者。

當一位藝術家和一棵樹建立了關係，他能眞正看到那棵樹。有些人看著別人，卻未能眞正看到別人；看著一棵樹，卻沒有眞正看到那棵樹。我們之中，有許多人未能看清事物眞相，因爲我們還不是完整的；當我們完整時，我們便能看得到。當一個人全然地生活，他能向所有人展示生命是可能的，未來是可能的。如果我們未能看到周圍有數百萬計的人在受苦、在生活、在死亡，而去問「會有將來嗎？」這個問題是沒有意義的。只有當我們看到周圍的人時，我們才能看到自己、看到大自然。

回想二〇〇四年印度洋海嘯，奪去印尼、斯里蘭卡、泰國、印度和非洲數萬人的生命。從歐洲、澳洲和美國來渡假的人，也喪命於海嘯之中。全世界的人都感到受苦，我們問：「爲什麼？」爲什麼神容許這樣的事情發生？爲什麼這些人要死？我也感到痛苦，但我會修習，坐下來後我修習深觀。我所看到的是當這些人死去時，我們也和這些人一起死去，我們與這些人相互依存。

你會知道，如果你所愛的人死去，你的一部分也死去，你的某方面和所愛的人一同死去，這是很容易理解的。因此，如果我們有理解和慈悲，那麼當我們見到別人死亡，即使是世界另一方的陌生人，我們也會感到痛苦，我們也會同他們一起死去。我們覺知到他們是爲我們而死，因此我們得爲他們而生。我們的生活方式，要令我們的孩子和他們的孩子有一個未來，這是相即的智慧，他們即我們、我們即他們。當他們死去，我們也死去。當我們繼續生活，他們也和我們一起繼續生活。有這樣的洞察，你的痛苦便會減輕，你會知道如何繼續生活，他們全都在你之內。有這樣的認知，你便會感到平安。

以正念修習，深觀萬物的本質，以體認萬物眞正的本質、萬物相即的本質，我們因而找到平安，有力量去接觸一切事物。有這樣的瞭解，我們就能長久地持續珍愛並關懷大地以及人類彼此。

©julien ortet

# 第五章 克服恐懼

每一天，新的細胞出生，舊的細胞死去，
但它們沒有葬禮，也沒有生日。

佛陀教導我們萬物無常，沒有任何事物是絕對永恆不變的。當我們有這樣的領悟，就能更深入看到實相的本質，不會再執著於我們就只是這個身體，或我們就是這一世的生命的觀念。

文明社會的生命跟人類的生命一樣，有生亦有死。我們這個文明社會有一天將會終結。在很大程度上，是人類決定它什麼時候終結，以及走向終結的速度是快還是慢。如果人類保持現在的生活方式，我們的文明社會的終結會來得比預期中更快。我們開車的習性、消費的模式、還有耗用和破壞地球自然資源的行為，都再再加速了這個文明社會的終結。氣候變化是終結的先兆。如果維持現在的消費模式，地球上大部分人可能會死，生態系統受到破壞，再難以支援人類的生存。在現在這個文明社會以前，世界上曾有許多文明社會，但很多已經消失。

萬物不斷轉化，沒有獨立的我，理智上我們明白，但實際上我們卻難以接受。我們希望我們所愛的人和物都能永久不變。

瞭解無常並不關乎字語或概念，而是關乎修習。只有透過日常「止」和「觀」的修習，我們才能體驗和接受無常這個實相。我們可以對自己說：「吸氣，我深觀某一物。呼氣，我觀察該物無常的本質。」我們觀察的對象，可能是一朵花、一片葉或其他生物。深觀這對象，我們會看到變化在每一刻發生。

無常可分爲兩種，第一種稱爲「每一刻的無常」；第二種無常，是當某些事物經過成、住和壞的循環後，有明顯的改變，這稱爲「周期的無常」。燒開水的時候，水會逐漸加熱，但直到水眞正開始滾煮並冒出蒸氣之前，我們只會看到非常微細的改變，這是第一種無常：「每一刻的無常」。然後，突然間我們看到蒸氣了，這是「周期的無常」。另一個例子，是當小孩長高，期間有許多微小的改變在發生，但我們沒有察覺，直至有周期的改變。

我們要深觀周期性的改變，接受這是生命的一部分，如此，當它出現時，我們便不會感到驚訝或過於痛苦。深觀自己身體的無常、周圍事物的無常、所愛的人的無常本質、令我們痛苦的人的無常本質。如果沒有深觀無常，我們可能以爲它是負面的，因爲它奪去了我們所愛的東西；但深入觀察，我們看到無常既不是負面的也不是正面的。沒有無常，不可能有生命；沒有無常，如何能有機會轉化自己和所愛的人的痛苦？沒有無常，如何能有機會改變人類在大地造成的破壞？

無常也有相互依存之意，萬物不斷在變遷，並沒有個體是獨立存在的。花朵永遠都在接受非花的元素，像是水、空氣和陽光，但同時也在不停回饋給環境某些東西。花朵是變遷之流，人也是變遷之流，每一刻都在吸收和釋出、每一刻都在出生和死亡、每一刻都連繫著周圍環境。宇宙中萬物相互依存。水和浪花的例子能夠幫助我們瞭解萬物無我的本質，浪花可以是高或低，升起或消失，但浪花的本質——水，不高也不低，沒有升起也沒有消失。所有的表相——高、低、消失，不能觸碰到水的本質。我們隨著表相哭與笑，因為還未看到萬物的本質。如果只看到浪花生和滅的顯現，我們會感到痛苦，但如果能夠看到水其實是浪花的根源，看到所有浪花正在回歸到水裡，那麼就沒有什麼需要懼怕了。

「吸氣，我看到無常的本質。呼氣，我看到無常的本質。」我們需要持續作這個修習。由於生命和現實無常，我們缺乏安全感，我們需要學習和修習深深地活在當下這一刻，面對這不安的感覺。

我們希望萬事恆常，以爲有一個獨立的我，每當事物變遷，我們就感到痛苦。爲了幫助我們免受痛苦，佛陀給予我們「無常」和「無我」爲開啟實相的鑰匙。當我們深觀萬物無常和無我的本質，即是在用佛陀給我們的鑰匙開啟實相之門，也就是「涅槃」，我們的恐懼和痛苦將會止息。我們不再介意自己是年輕還是年長，甚至不再介意是活著還是死亡。我們覺知到，死亡並不是一般的觀念所指的由存在到不存在，所有生命都在持續轉化，無常、無我和涅槃（清涼寂靜，煩惱不現），就是佛陀教導的「三法印」（諸行無常印、諸法無我印、涅槃寂靜印）。

如果對抗無常的本質，我們將承受痛苦，我們可能會被恐懼、憤怒和絕望壓倒。因此，在處理地球暖化和其他環境問題前，需要先處理自己的恐懼和絕望。

佛陀說得非常清楚：先療癒自己，再療癒這個地球。

如果我們不能察覺內在的恐懼，它會持續塑造我們的行爲。佛陀建議的修習，不是要逃避恐懼，而是邀請恐懼在我們的心識顯現，以正念擁抱、深入觀照，這樣的修習帶來接納和理解，我們不會再被恐懼盲目拉扯。

在我們的心識深處，存在對於死亡的恐懼。當有些人知道自己將死去，他們起初可能會拒絕接受這個事實。我有些要好的朋友被診斷患有愛滋病或癌症時都是這樣。他們不能相信這事實，掙扎了一段時間後，他們終於接受，在那一刻，他們感到平安。當我們有了平安，就會放鬆下來，有時甚至能夠克服病症。我認識一些罹患癌症的人，他們在生病後能多活十、二十甚至三十年，因爲他們能夠接受，能夠安樂生活。

有一位住在越南首都河內的比丘尼，她被診斷得了癌症。醫生告訴她，她只能再活幾個月。她決定到法國梅村和我們同住一段時間，然後回家鄉離世。她完全接受生命快要終結的消息。當她來到梅村，一位比丘尼建議她去看醫生，再作一次診斷，她說：「不用了，我不是來看醫生，我只是來和你們共處幾個月。」

三個月裡，她全心投入生命中的每一刻，她享受行禪、坐禪、佛法開示和佛法分享。三個月過去了，她的簽證到期要返回越南，一位比丘尼又建議去看一看醫生，這一次她答應了。醫生告訴她，她的癌細胞停止擴散，她的癌症幾乎完全消失。至今她離開梅村已經超過十四年了，她還活著，而且比以前更健康。接納非常重要，接受死亡會爲你帶來平安，這份平安可以幫助生命的延續。

浪花升起時會有很大的喜悅，當浪花落下時，可能會因爲浪花的終結而不安。升起帶來落下，有生就有死。如果浪花曾修習靜觀，覺知自己是水，她在落下的時候同樣喜悅。她的「浪花」生命可能會死，但她永遠以水的形式活著。佛陀的教導幫助我們接觸自己眞正的本質，讓我們獲得領悟，熄滅所有恐懼。微笑面對死亡，沒有恐懼、沒有憤怒是可能的。

一滴雨落在地上剎那消失，但它仍在那裡。即使被土壤吸收了，它仍在那裡，只是形態不同。如果蒸發了，它仍在空氣中，變成蒸氣，你看不到那滴雨，並不代表不存在。一朵雲永不會死去，它可以變成雨、雪或者冰，但不會是什麼都沒。一般人對死亡的觀念是：死亡是由有變成無，由存在變成不存在；禪修幫助我們接觸到自己不生不滅的本性。在雲朵顯現爲雲朵前，它曾經是水氣、曾經是海洋，它並非由不存在變成了存在。我們對生的概念，只是個概念，我們對死的概念，也只是一個概念。

這個領悟非常重要。它止息恐懼，當我們明白到自己不會滅（變成什麼也沒有），我們從恐懼中釋放，這是很大的解脫，無有恐懼，才會有眞正的幸福以及平和。當我們有平和，社會也會得到平和。如果所有人都驚恐，將加速這個文明社會的死亡。當我們感到平和的時候，會更容易處理困難的境況。

佛陀教導我們深觀恐懼的種子，不要嘗試掩蓋或逃避它們。我們都有恐懼的種子，我們都害怕死亡、害怕被遺棄、害怕生病。我們希望將這些恐懼拋諸腦後，所以令自己終日忙碌以忘記這些恐懼。但事實是，有一天我們會死、我們會病，我們總會需要放下一切。因此，佛陀教導出家人每天觀照恐懼的種子。

這就是「五念」（The Five Remembrances）的修習，它能夠幫助我們覺察恐懼，修習與恐懼共處。其中一念是：「本質上我會死，我無法逃離死亡。」你面對真相，你呼喚恐懼的種子，面對它、以正念擁抱它，這需要勇氣。這樣做能夠減低恐懼的力量，令恐懼的種子枯萎。這個修習幫助我們接受衰老、疾病和死亡是必然會發生的事實，我們無法避免。如果我們能接受這個事實，我們的日子會好過一些。

當受到疾病的侵襲，例如癌症或愛滋病，我們會問：「爲什麼是我？」我們的第一個反應是拒絕接受，不相信這個事實。然後經歷絕望和反抗，自我掙扎一段時間後，我們終於接受。那一刻我們獲得平和，那一刻我們就能放鬆下來，克服病症的機會因而增加。我們要學習接受這個文明社會的終結，能夠接受，就會感到平和。我們接受自己會死，接受這個文明社會會死。接觸到無常的眞相，我們感到平和。以這樣的平和，我們能使用科技拯救這個地球，如果受困於恐懼和絕望，那麼卽使有適當的科技，也無法拯救地球。如果我們有相卽的智慧，知道如何接觸不生不滅的本質，那麼死亡時，心中平和、心中有愛將是可能的。

# 五念

本質上我會老。
我無法逃離年老。

本質上我會病。
我無法逃離疾病。

本質上我會死。
我無法逃離死亡。

我所愛的人和物，在本質上會改變。
我無法逃離與愛別離。
我無法保留任何東西。
我空手而來，空手而去。

我繼承了我的身、語、意的果。
我的行為是我的延續。

正念呼吸的修習能幫助你深觀恐懼的本質和根源。我建議大家用五念作爲正念呼吸的修習：

吸氣，我知道本質上我會老。
呼氣，我知道無法逃離年老。
吸氣，我知道本質上我會病。
呼氣，我知道無法逃離疾病。
吸氣，我知道本質上我會死。
呼氣，我知道無法逃離死亡。
吸氣，我知道有一天我要放下所珍愛的人和物。
呼氣，我知道無法帶走他們。

吸氣，我知道除了我的行為、思想和說話，

我不能帶走任何東西。

呼氣，只有我所做過的事件隨我。

這個修習幫助我們如實地接受年老、疾病和死亡這些我們不能避免會發生的事實。當我們能如此修習，接受這些眞相，我們會感到平和，能夠健康和慈悲地生活，不再令自己和其他人受苦。

如果我們接受自己身體會死亡的事實，可能我們也會接受我們的文明社會最終會滅亡的事實。我們的文明社會只是一個文明社會，有一天它將會死去，另一個文明社會才有生起的空間。許多文明社會來了又走了，地球暖化可能是我們文明社會死亡的一個先兆。如果不懂得停止過度消費，我們文明社會的死亡一定會來得更快。我們可以停下來，以正念延緩這個過程，但唯一的辦法，是接受這個文明社會最終會滅亡，正如我們接受自己的身體會死亡。知道自己的本質是不生不滅的本質，我們就有可能接受。

**吸氣，我知道這個文明社會將會衰亡。**
**呼氣，這個文明社會無法逃離衰亡。**

當我們接受了就不會有憤怒、拒絕接受和絕望的反應。接受帶來平和，如果你心中平和，這個文明社會就有希望，當你坐禪、行禪和反思時，停下來深觀，以獲得這個領悟——不是嘴裡說說，而是真正的領悟，這個領悟能培養正念、平和、接受和無畏，如此一來，你就能對這個文明社會作出真正的貢獻。

科學家告訴我們，我們其實有足夠的科技拯救這個地球。我們有可再造的能源，例如風力、太陽能、海浪和地熱發電等，還可以用複合動力或菜油發電的交通工具，但我們沒有善用這些新科技。我們陷入絕望、憤怒、分裂和互相歧視的狀態中，沒有足夠的平和和覺醒。我們時間不夠用，總是過得太忙碌了，我們沒有辦法共同合作。科技需要手足情誼，需要理解和慈悲的支援，科技要與靈性並進。靈修生命能帶來平和、安靜、兄弟姐妹情誼以及理解和慈悲等能量。沒有這些能量，我們的地球沒有出路。

佛陀給予的智慧是要我們接受無常，接受我們的死亡，以及接受我們的文明社會無可避免的死亡。接受之後產生的平和、力量以及覺醒，能把我們團結在一起，再沒有憎恨，再沒有歧視。然後我們將能使用適當的科技拯救我們珍愛的地球。

我們是整個人類的成員，如果我們禪修，就能夠超越恐懼、絕望和迷失。禪修並不是逃避，它是以「念」和「定」看清實相的勇氣，禪修是我們生存、平安以及得到保護的重要元素。

錯誤的認知和見解才是痛苦的源頭，放下錯誤的見解是最重要和最急切要做的事。我們的世界需要智慧和領悟。作爲老師、家長、新聞記者、電影工作者，你有能力分享你的領悟，藉以喚醒你的國家和國民。如果你們國家的人民覺醒了，你的政府就必須依照人民的悟見行事。

透過修習，培養無畏的精神以及兄弟姐妹情誼。我們並不需要去尋找讓我們修習的東西，修習的物件不在我們日常生活之外。佛陀提倡的方法是：幫助你自己，然後幫助你身邊的人，修習深入觀照，從充滿恨、恐懼和暴力的概念中解脫。

這就是集體覺醒產生之道。

# 我們的行動是我們的訊息

Our Message Is Our Action

# 第六章 美麗的延續

當我們望著一棵橘子樹，我們看到橘子樹以它的生命，一個季節又一個季節生長美麗的綠葉、芳美的橘子花以及香甜的橘子。這些都是一棵橘子樹能夠生產和貢獻給世界最好的東西。人們也可以用思想、言語和行動，在日常生活中的每一刻貢獻社會。我們想獻給世界最美好的思想、言語和行動，無論想或不想，這些都是我們的延續。我們可以善用時間，培養愛、慈悲和理解的能量，分享美好的言語，鼓舞、寬恕和以行動保護、幫助大地以及其他人。這樣做，我們能確保美麗的延續。

法國哲學家沙特（Jean-Paul Saitre）說，人是他的行動的總和，這非常類似我們五念中的第四項憶念：我們要放下所有我們愛的人和物。我們帶走的以及留下來的只有我們在生命裡的思想、言語及行動的果，這是我們的業，這是我們的延續。淨化思想、言語和行動，能夠成就美好的延續。

佛教用「業」（karma）這個字，業即是行動，行動是業因也是業果。當行動是因時，我們稱爲「業因」（karmahetu），該思想、言語或行動，影響我們的身心健康和這個世界的健康；而該影響，不管是苦或甜、善或不善，就是業的果，我們稱爲「業果」（karmaphala）。我們通過思想、言語和行動的影響，延續到未來。

思想和說話是行動的兩種形式。當我們的思想充滿憤怒、恐懼和絕望的時候，我們的身心健康和世界的健康就會受到即時影響。負面的思想可以非常有力，影響到我們的身心甚至這個世界，所以要盡力避免經常生起負面思想。如果你以前說了一些沒有益處的話，現在就停止再這樣說，這樣能轉化一切。正面的思想能帶來身心健康，幫助這個世界自我療癒。

佛陀建議我們修習正語。正語能激勵理解、喜悅、希望和兄弟姐妹情誼。我們可以用言語表達慈愛、無分別心和樂於助人的意願。說正面的言語能夠令我們身心舒泰。每天說正語，能夠爲自己、爲其他人和世界帶來療癒和轉化，每個人都能因而得益。

佛陀也建議正行，正行能影響我們的身心健康，以及世界的健康。我們可以殺死一個人、一隻動物或一棵樹，我們也可以保護一個人、一隻動物或一棵樹。我們要確保我們的行動是向著正行的方向。當我們做出一個行動保護、救助、支援或舒解，這個行動爲我們和世界帶來療癒。當你充滿慈悲，即使沒有採取什麼行動，你的慈悲也會帶來改變；慈悲，它的本質能夠帶來慈悲的行動。

思想、言語和行動製造業。在日常生活中，每一刻我們都在造業。每個思想、話語和行動都帶有我們的印記。它是你的延續，你永不會失去它。如果你以爲身體分解後就什麼都沒有，那很幼稚，深入觀察，我們看到沒有任何東西生，也沒有任何東西眞的死了，我們眞正的本質是不生不滅。修習深觀，我們能夠看得到。

佛陀說萬物無常，許多思想家也談到無常。第六世紀的希臘哲學家蘇格拉底說，我們不能踏進同一條河兩次，因爲河不停在改變，沒有任何東西可以在相續的兩個刹那保持不變。不是建基於無常的意念，是錯誤的意念。當我們擁有無常的智慧，我們的痛苦會減少、幸福會增加。

這不只是哲學，這是萬物的本性。當你對你的朋友感到憤怒，想要和他爭論的時候，佛陀會對你說：「閉上眼睛，想像三百年後你和你的朋友在哪裡？」當你能夠看到三百年後你們會在哪裡，你會知道現在的爭論是不智的，因爲生命是無常的。如果你能接觸到無常，那麼當你睜開眼睛時，你將不再感到憤怒，那時候你想做的就是張開你的雙臂擁抱對方。

可能在理智上你會同意萬物無常，但在日常生活裡，你的行動表現得好像萬物是恆常的。無常並不是理念或哲學，無常是一種修行，我們應該修習專注於無常。望著花朵，你看到它是無常的。望著一個人，你看到他或她是無常的；在一天之中，任何你觀注的、任何你聽到或看到的，以無常的智慧，專注其中。拯救你的是對無常的專注，而不是無常的意念。以正念，我們可以保持對無常的智慧，這能保護你免於製造錯誤的思想或錯誤的言語。

我們的業、我們的行動，是我們的延續，這個延續已經開始。我們的生命，是我們的業的顯現，我們可以令這個顯現美麗並有意義，它會爲其他的包括現在的以及未來的顯現帶來良好的影響。如果懂得如何產生愛、理解、慈悲和美麗的能量，我們對社會會有很大的貢獻，正面地影響其他顯現。不用等到身體分解後才開始我們的延續。如果在當下一刻有美善的顯現，那麼它們的延續也會是美善的。

望著自己的身體和心識，我們看到自己是一個複雜的有機體。在我們的心識之中，可以找到許多物種、許多元素。在每一個細胞裡，我們可以看到人類、大地和宇宙的歷史。身體的每一個細胞都能給予我們關於宇宙的資料。只是一個細胞，就可以告訴我們許多關於我們祖先的故事，不僅是人類，也包括我們的動物、植物和礦物祖先。在行禪時，每當我們踏一步，我們如有機體一樣移動，我們像宇宙一樣移動，所有的祖先也和我們一起移動，一起走路。不僅是我們的祖先，我們的子孫也和我們一起移動，一即一切。當我們能夠踏出平和、喜悅的一步，所有的祖先也同時和我們踏出這一步。

我們知道，父母、祖先和導師都希望我們的生活方式能夠保護這個地球，我們要容許心中的祖先、導師和佛陀採取行動。我們應該維持和靈性以及血緣祖先對話，讓我們得以在服務、愛和保護的道路上持續獲得洞見和智慧。我們的時間、我們的生命，是用來滿足靈性和血緣祖先，以及導師們對我們的期望。如此生活和修習將帶來喜悅，並幫助我們將祖先給與我們的最好的東西傳遞給下一代。

# 第七章 關愛環保工作者

一名學生問我：「有那麼多迫切的問題，應該怎樣做？」

我說：「選一件事，然後深入和細心地做好這件事，

那麼，你就是在同一時間做所有的事。」

許多人覺察到大地的痛苦，他們的心充滿慈悲，他們知道要做些什麼事，於是參與政治、社會和環保等工作，嘗試作出改變，但經過一段時間的積極參與，便因爲受到挫折而失去信心，因而缺乏長久行動的力量。單有理智並不足以支持長遠的慈悲之行。要有效地影響這個世界的未來，需要多一點東西。

真正的力量，並不是從權力、金錢或武器中獲取，而是藏於內心深處的平和之中。當我們有足夠的智慧，不再被逆境所困，便能容易地走出來。當我們改變日常生活、思想、說話和行動的方式，我們同時改變了世界。我們要深深地活在每一刻，領悟滋養相即的智慧。沒有寧靜和喜悅，我們不能照顧自己、其他物種或者地球，因此，照顧環境最好的方法，就是照顧環保工作者。

有許多佛教的教義，能幫助了解我們與大地之母的相連關係，其中《金剛經》講解得非常深入。《金剛經》是最古老關於生態的典籍，它以佛陀和他的一位重要弟子須菩提的對話寫成。經文以須菩提的一個問題開始：「如果善男子和善女子想生起至高無上的覺醒心，他們該依賴什麼？他們該做些什麼來降服他們的心？」

這好比在問：「如果我想全身投入保護生命，該用什麼方法和原則？」

佛陀回答：「我們要幫助所有衆生渡過苦海。但當所有衆生都到達解脫的彼岸時，其實也就是沒有任何衆生給渡到彼岸。如果你依然執著於我、人、衆生或者壽者的概念，你並不是眞正的菩薩。」

我、人、衆生、壽者，是四個阻礙我們看到實相的觀念。

生命是整體的，我們毋需把它分成一段一段，然後稱這一片段爲「我」。我們所說的「我」，是由「非我」的元素組成。當我們望著一朵花，可能以爲它和「非花」的那些東西不一樣。但當我們深入觀察，便會看到宇宙萬物都在那朵花之中。如果沒有這些「非花」的元素，如陽光、雲朵、土地、園丁、礦物、熱能、河流和心識，花不可能是花。因此佛陀教導我們，「我」並不存在。我們要捨下「我」和「非我」的所有分別。沒有這個領悟，怎能做好環境保護的工作？

《金剛經》中的第二個觀念，是要捨棄「人」的觀念，這並不困難。深入觀察人，我們看到人類祖先、動物祖先、植物祖先和礦物祖先，看到「人」是由「非人」的元素構成。我們通常把「人」和「非人」分開，以爲人比其他物種更重要。但既然人是由「非人」的元素構成，那麼要保護自己的話，就得保護所有「非人」的元素，沒有其他更好的方法了。如果你以爲神用祂自己的形象做人，再做其他東西讓人類使用，便是以爲人比其他生物重要，那麼你就是有分別心。當我們覺悟「人」其實沒有「我」，便明白到照顧環境（「非人」的元素），即是照顧人類。我們要尊重和保護其他物種，以確保自己有生存的機會。好好照顧其他生物和環境就是照顧人類，也是讓我們享有眞正健康和幸福的最好方法。

我認識一些生態工作者，他們在家中並不快樂。他們做很多工作希望改善環境，部分原因是要逃避不快樂的家庭生活。一個內在沒有幸福快樂的人，如何能幫助環境？保護「非人」的元素，卽是保護人；保護人，卽是保護「非人」的元素。

第三個我們要突破的是「衆生」這個觀念。我們以爲生物和無生命的物體不一樣，但根據相卽的原則，生物是由非生物的元素組成。當我們觀察自己，便會看到礦物和其他非生物的元素。那麼爲什麼要歧視我們稱爲無生命的東西呢？要保護人類，我們也必須保護石頭、泥土和海洋。在原子彈投下日本廣島之前，那裡的公園有很多美麗的長石凳。當日本人重建這個城市時，他們感覺到這些石頭已經死去了，因此他們把這些石凳搬開埋葬，然後換上有生命的石頭。不要以爲石頭沒有生命，原子不停移動、電子的移動速度接近光速。根據佛陀的教導，原子和石頭本身都是心識，因此我們應該放下「生物」和「非生物」的分別。

最後是「壽者」的觀念。我們以爲自己是從時間的某一點才開始存在，在那一刻以前，我們的生命並不存在。這樣分別「生命」和「無生命」並不正確。生命，由死亡造成；死亡，由生命造成。我們得接受死亡，死亡令生命變得可能。我們身體中的細胞每天都在死亡，但我們從沒有想過要爲它們舉行葬禮。一個細胞的死亡，讓另一個細胞出生。生與死，是同一實相的兩面。我們要學習平安地死去，讓其他生命存活，這個深入的禪修，帶來無畏、無嗔和無絕望，帶給我們工作所需的力量。有了無畏，即使我們遭遇極大的問題，也不會弄到精疲力竭，我們會知曉如何踏出小而穩定的步伐。

如果環境工作者深觀這四個觀念，便知道如何生活和行動。他們會有足夠的力量和智慧實踐菩薩道。

世界上有許多痛苦，接觸這些苦痛對培養慈悲非常重要，但爲了要保持強壯，我們還要擁抱正面的元素。當我們看到一群人正念生活、微笑、以愛行動，我們對未來增添信心；當我們修習正念呼吸、微笑、休息、步行和工作，我們成爲社會中的正面元素，我們令身邊的每一個人生起信心。這是避免絕望侵蝕我們的方法，這亦是幫助年輕一代不會失去希望的方法。我們的生活方式要能顯示未來是可能的，這非常重要。

要眞正改變全球的生態狀況，我們的努力必須是集體且和諧的，是基於對自己、對別人、對祖先和下一代的愛和尊敬。如果我們的能量源自對不公的憤怒，我們可能會做出具傷害性、令我們將來後悔的事情。根據佛陀的教導，慈悲是唯一一種有效而安全的能量。有了慈悲，你的能量便會從智慧而生，而不是盲目的能量。只是感到慈悲並不足夠，我們要學習表達慈悲。這就是爲什麼愛永遠伴隨著理解。理解和智慧指引我們如何行動。

「入世佛教」（Engaged Buddhism）的出現就是爲了重拾佛教的眞正意義。「入世佛教」，簡而言之是把佛教應用在日常生活中，如果「不入世」，就不能稱爲佛教。佛教的修習並不只在寺院、禪堂和佛學院，而是應用在每一個我們遇到的境況之中。「入世佛教」的意思是將正念的修習融入日常生活中。

將佛教帶入社會生活之中有其實際需要，尤其是在戰爭時代或社會上充斥著種種不公平的時候。在越戰時期，我們需要實踐「入世佛教」，這是非常肯定的，這樣做才能使慈悲和理解成爲人民生活的一部分。當村落被炸毀、當鄰居變成難民，你再不能繼續在禪堂裡坐禪。即使你的寺院沒有被炸，你的禪堂依然完好，你也會聽到受傷孩童的哭聲，你會看到家園被毀的人的痛苦，你如何能在清早、中午和晚上都坐在禪堂裡？這就是爲什麼我們要找方法把修習帶到日常生活之中，走出去幫助人。我們要做所有能做的以減輕人們的痛苦。但我們也知道，如果放棄坐禪和正念步行的修習，很快就不能持續下去了。

當我們擔任義工或積極參與保護環境工作時，要找方法持續修習正念呼吸、正念步行和正念說話。當我們反思世界當下的處境、在面對浪費資源的人時，不要陷入憤怒和絕望之中，而是以自己簡樸的生活方式，作為別人學習的模範。細心聆聽、講說愛語，能夠幫助和支援個人和社會的轉化，培養集體覺醒，拯救文明社會和我們的地球。

如果我們想成功修習講說愛語，當情緒生起時，便要知道如何處理和面對；當憤怒、沮喪或憂傷生起時，我們要有處理的能力。這不表示我們要對抗它、壓抑它或趕走它。憤怒和失望是我們的一部分，我們不該對抗或壓抑。當我們壓制自己，就是以暴力對待自己。如果我們知道如何回到正念呼吸，便是真正的活著。以這能量，我們能夠覺察並以慈愛擁抱憂傷、憤怒和失望。

沒有修習正念的社會工作或救援工作，稱不上是「入世佛教」。從事這些工作的人可能會在絕望、憤怒或失望中迷失自己。如果你是「入世佛教」的修習者，你會懂得在幫助別人的同時，繼續自己的修習。真正的「入世佛教」，最重要的是在我們的所有工作中修習正念。

正念的修習幫助我們覺察正在發生的事。一旦我們能深觀痛苦和覺察苦的根源，我們就有動力實踐行動和修習。我們並不需要恐懼或憤怒的能量，我們須要的是理解和慈悲的能量。我們不須抱怨或指責，那些傷害自己、社會和地球的人並不是蓄意的，他們只是想逃避難以忍受的痛苦和孤單，他們需要的是幫助而不是懲罰。只有集體層面的理解和慈悲，能夠幫助我們解脫。

# 第八章 只有一棵樹的城市

想像一下在一個城市裡，只剩下一棵樹，居住在這個城市的人都得了精神疾病，因為他們和大自然隔絕。住在這個城市的醫生最後終於發覺到人們生病的原因，於是他給了每一位病人這個藥方：「你生病，是因為你和大地之母隔離了。每天早上，你坐巴士到市中心的那棵樹，擁抱它十五分鐘，望著這棵美麗翠綠的樹，嗅嗅它芬芳的樹枝。」

經過三個月的修習，病人們好多了。但因為患同一症狀的人很多，而那醫生總是給予同樣的藥方，才沒過多久，想要抱那棵樹的人愈來愈多，排的隊伍超過了一公里長，人們開始感到不耐煩，他們說，每個人擁抱那棵樹十五分鐘太長了。

於是市政府訂下條例：每人最多只能擁抱那棵樹五分鐘，後來他們又需要縮短時間至一分鐘、再後來只剩幾秒鐘。最後，這個病症再也無法被治癒了。

如果我們沒有正念，可能很快就會和他們的處境一樣。我們要記得，我們的身體並不只限於皮膚所包覆著的範圍，我們的身體要比那更廣大的多。我們都知道如果心臟停止跳動，生命就停止流動了，但我們並沒有花時間去察覺在身體之外，還有許多東西同樣是我們賴以存活的要件：如果地球周圍的臭氧層消失了，即使只是頃刻間，我們也會死亡；如果太陽停止照耀，生命的流動也將止息。

假使在坐禪時，我集中注意力在我的心臟：

吸氣，我覺察我的心臟。

呼氣，我對我的心臟微笑。

我可能覺察到在我身體之內的心臟，並不是我唯一的心臟，我有許多其他的心臟。在天空中的太陽也是我的心臟。如果我身體內的心臟停頓，我會卽時死去，但如果另一個心臟也就是太陽爆炸或停止運作了，我也會卽刻死去。

太陽是我們的第二個心臟，是在我們身體以外的心臟，它帶給地球上所有生命所需的熱能。全賴太陽，植物得以生長，葉子吸收太陽的能量，加上空氣中的二氧化碳，才能生產樹木、花朵和浮游生物所需的食物。感恩植物，我們和其他動物得以生存。人、動物、植物和礦物，所有生命都直接或間接地「攝取」陽光。太陽是在我們身體以外的巨大心臟。當我們如此看待事物，就能超越我和非我的二元性。我們也因此覺悟：必須照顧環境，因爲環境就是我們。

當我們望著嫩綠的蔬菜，我們應該知道，不只蔬菜是綠色，太陽其實也是綠色的。葉子呈現綠的顏色，是因爲太陽的存在。沒有太陽，就沒有任何生物能存活。沒有太陽、水、空氣和泥土，就不會有蔬菜。蔬菜是許多或遠或近的條件聚合而成。

宇宙中沒有一個現象與我們沒有緊密的關係。從躺臥在大海底的一顆小石子，到甚至是相隔幾百萬光年的星系移動，都和我們有關，所有現象相互依存。當我們想到一粒微塵、一朵花、或者一個人時，我們的思想總是無法超脫有一個自我、一個牢固且恆常的事物這樣的觀念。我們在「一個」和「很多」、「這個」和「那個」之間畫一條線將兩者分開。當我們能眞正看到微塵、花朵和人相互依存的本性，我們就會看到如果沒有多元化，就不會有一體，一體和多元自由地相互交融。一體卽是多元，多元卽是一體，這是相卽的道理。

如果你是個山友或者是個很喜歡郊外和森林的人，你會知道樹木是我們身體以外的肺部，但我們的行動卻導致數百萬平方英里的土地被墾伐。我們也破壞了空氣、河流和部分臭氧層。我們被自己的小我監禁著，只想及這個小我要有舒適的條件，卻破壞了大我。如果我們想改變這境況，首先要做眞正的自己。做眞正的自己，卽是要成爲樹林、河流和臭氧層。

當我們觀想自己爲樹林，會體驗到樹木的希望和恐懼。如果我們做不到，這些樹林會死去，我們不可能擁有平安。當瞭解到我們和樹木相卽，就會知道樹木是否得以繼續生存，取決於我們的選擇。在過去幾世紀，汽車和工廠製造的酸雨破壞了許多樹木。因爲我們和樹木相卽，我們知道，如果樹木不能生存，我們也會很快消失。如果大地是你的身體，你能感受到她正在受苦。

我們是大地的孩子，某些時候，她會帶我們返回大地。我們不斷地從大地之母而生，接受她的撫養，然後回歸大地。所有生命都是無常的，和我們一樣，植物出生，生長一段時間，然後回歸大地。當它們分解後，它們令我們的花園肥沃，生長中的蔬菜和分解了的蔬菜，都屬於同一實相。沒有此就沒有彼。在六個月之後，堆肥再次成爲新鮮的蔬菜，植物和大地互相依賴，大地是清新、美麗且翠綠的，或者是乾燥不毛的，取決於植物，也取決於我們。

宇宙中許多生物無條件地愛著我們。鳥的鳴唱表達了喜悅、美麗和純潔，喚醒我們的活力和愛。樹木、水和空氣從不向我們索求什麼，卻給與我們源源不絕的愛。雖然我們需要它們付出的愛，但還是不斷破壞了它們，我們應該要盡所有心力去減少對所有的生物所造成的傷害。例如當我們在做園藝工作時，我們可以學會在蔬菜和花朵旁種植某類植物，以防止一些有害昆蟲或是鹿和兔子等動物傷害到植物，而我們也無須捕獵牠們。我們可以用有機的防蟲劑取代化學殺蟲劑，以保護雀鳥和蜜蜂。我們時刻都能盡力減少對其他生物的傷害。傷害動物、空氣和樹木，即是傷害我們自己。我們必須學習無條件愛護生物，讓動物、空氣、樹木和礦物能夠繼續做它們自己。

一棵橡樹就只是一棵橡樹。它要做的，就只是做自己。如果一棵橡樹不完全是一棵橡樹，我們就會有麻煩。在我們過去世，都曾是石頭、雲朵、樹木，我們也曾經是一棵橡樹。這不只是佛學，這是科學。人類只是一個年輕的物種，我們曾經是植物、我們曾經是樹，現在我們變成人。我們應記得過往的經驗，保持謙卑，我們可以從一棵橡樹學到很多。

我們的生態應該是深入的生態，不僅是深入，也是普遍性的。在我們的心識中有污染，電視、電影、雜誌可以是學習的途徑，也可以是污染。它們可以在我們之中播下暴力和緊張的種子，污染我們的心識。這些東西破壞我們，正如我們以化學品耕作、砍伐樹木、污染水源一樣。我們要保護地球生態的完善，也要保持內心生態的完善，否則這些暴力和不安將影響到生命中更多的範疇。

人類認爲自己很聰明，但一株蘭花知道如何長出對稱的花朵、一隻蝸牛知道如何長出比例勻稱的美麗外殼，和它們的知識相比，我們所知的算不上什麼。我們應該在蘭花和蝸牛前深深鞠躬，在蝴蝶和玉蘭樹前尊敬地合十。對於一切物種的尊敬，能幫助我們覺察和培養內在最尊貴的本質。

# 第九章 轉化我們的社群

覺知到過度耗用地球資源帶來的傷害和剝削，
同時清楚意識到不當使用資源
對於我們本身及後代子孫造成的長遠影響，
我們承諾找出以正念使用資源的方法；
覺知到我們面對的集體困境，
如全球性氣候改變、森林消失、水源短缺，
以及空氣、泥土和水質的污染等，

其實是人類日常的行為造成的，
我們承諾轉化生活方式，
為家庭、社區、生態系統和世界帶來平安和諧。

——鹿苑寺生態小組（Deer Park Ecological Initiative）

梅村位於歐洲和北美的寺院及修習中心，都推行一些生態行動計畫以保護氣候環境，幫助人們覺察到他們可以採取行動減輕對地球的傷害。二〇〇七年十二月，位於美國加州的梅村寺院「鹿苑寺」，開始完全都使用太陽能。當時有超過一千位修習者出席了奠基儀式，場面非常感人，許多人都流下喜悅的眼淚。轉用太陽能就是放輕走在大地的步伐，讓自己成爲大地母親的孩子，一個有承擔、有愛心的孩子。

我們僧團的願望，是與大地、所有植物動物，以及所有兄弟姐妹和諧共處。當我們彼此和睦相處，即是與大地保持融洽關係。我們體會到，自己和每一個人、每一個物種唇齒相依，所有人與所有物種的幸福和痛苦，也是我們的幸福和痛苦，我們相互依存。作爲修習者，我們覺知，自己是整個人類文明的一部分，兩者並沒有分隔；我們覺知，我們是大地的孩子，與泥土、森林、河流與天空並沒有分隔。我們擁有同樣的命運。

我們的無知、貪念和驕傲爲大地帶來許多創傷。作爲大地的孩子，我們決心重新開始，採取積極行動，不論行動大或小，都能實質改變全球的生態環境。我們僧團承諾：不再輕率耗用大地的能源，並致力恢復大地的美麗，讓每一位來賓都感受到清新和安樂。我們開始減少車輛數目，取而代之的是電力車和回收再用的菜油推動車，從而減少百分之五十的二氧化碳釋出量。僧團每星期只購物一次、種植本土植物以減少用水量、回收資源再利用，同時把所有電燈換上節能燈泡……

我們每星期一天修習「無車日」以減低汽油用量。雖然每星期一天並不足夠，但這個行動表達了我們的覺醒——我們願意以行動修習正念消費的決心。修習「無車日」給我們帶來很大的喜悅，因爲我們對保護地球作出了貢獻。我們不想做絕望的受害者，我們以行動帶出這個訊息。

減少開車次數，就是幫助自己、地球以及我們內在的佛陀能夠呼吸得更順暢。我們看到，即使是一個小小的決定——在寺院的範圍內不開車，已可以帶來美善。當你來到鹿苑寺，請把車泊在停車場，然後步行到寺院的活動場地，給自己一個機會修習行禪，體驗行禪帶來的喜悅。你以正念吸氣和呼氣，每踏出一步，便踏入神的國度，這是眞正的天堂、眞正的淨土。因爲不開車，你令空氣清新了，你接觸到樹木、花朵、石頭、兔子……接觸到生命中的美妙，陽光、雨水和花朵帶給你莫大的喜悅。

有一天早上，我們幾百人一起悠閒地、安靜地、平和地一起步行，享受彼此共處的時光、享受踏出的每一步。我們不說話，也沒有播放電視或廣播，甚至沒有佛法開示。只是純粹一起走路，享受兄弟姐妹的情誼，不想任何事、不說任何話。我們享受吸氣和呼氣，享受正念步伐，接觸父母親，對他們微笑……每一刻都帶來治療、轉化和滋養，這就是神的國度。這樣美妙的體會，個人和群體都做得到。爲什麼要剝奪自己享受這些美妙事物的機會呢？

在佛陀誕生二五五〇年的紀念日，我提出「全球無車日」這個概念。這一天，我們一起慶祝無車日，讓人們察覺全球暖化的問題，引發集體覺醒的效應。所有人都可以在自己所屬的團體中提出修習「無車日」，即使不是每星期，也可以每個月做這個修習，我們因而能引起大衆關注地球所面對的危機。「無車日」，是送給地球的禮物，那一天我們可以騎單車或使用大衆交通工具，或者在家中工作。

這不僅僅是一個呼籲，而是實實在在的行動，讓我們現在就一起喚醒大衆，否則就會太遲了。我們要在日常生活中實踐我們要傳遞給世人的訊息，我們的生活方式要確保下一代有未來，而不是留下一個傷痕累累的地球給子孫，這是眞正的仁慈行爲。

每個人、每個家庭、每個團體、每個國家，都能以行動停止全球暖化。學校的老師可以和學生討論，孩童和年輕人最有能力瞭解困難和痛苦，他們可以完全覺察到大地所面對的危機；孩子們有好的想法，也很樂於分享；有時家庭或團體中的年輕成員，比年長者更有洞察力。年輕人若能表達自己的意見，便會感受自己爲所屬的團體作出貢獻，而不是被主流看法所驅使，或者感受到自己總是不被重視。家長和老師細心聆聽年輕一代的心聲，鼓勵他們發言，這是很重要的。

孩童可以善巧地修習正念，也能提醒其他人這樣做。我認識許多年輕人都懂得修習和轉化生命，也幫助父母和其他人轉化。這些年輕一輩，讓我們對未來充滿信心。我們並非處於困局之中，我們有路可走，我們需要的只是握住彼此的手，一起走在這條大道上。我們祖先也曾走在這條大道上，這是兄弟姐妹的情誼之道，比任何意識形態或宗教更珍貴。

在地球村之中，已有許多成員走在這條大道上。丹麥百分之二十的電力來自風力發電；在冰島，百分之九十三的家庭的暖氣是來自地熱；在南韓，人們重新植林；瑞典宣佈在西元二〇二〇年到臨前，全國就會停止使用燃油；澳洲承諾用五億元對抗氣候變化，這個金額較任何一個國家都來得高；歐盟視穩定氣候爲首要目標。這些事情都非常美妙。

此外，我們可以寫信給當政者，告訴他們我們想要的。當大衆有清晰的目標、當人們有了決定，政府就無法不依從。讓你選出來的議員知道，你要的是撥款支援製造清潔、可再生的能源，以及阻止破壞森林的政策。你要提出你的見解和建議，作爲國會議員動議和政府施政的參考。個人覺醒能帶來集體覺醒，有集體覺醒就有集體行動。我們要成爲政府的支持者及顧問，我們要告訴他們，世界各國在軍事經費的撥款比其他方面爲高，只需那撥款的六分之一，就能拯救我們的地球。聯合國安全理事會該在這方面多下功夫，這是非常急切的，請世界各國政府用軍事經費撥款的六分之一來拯救地球，這非常合理，也是切實可行的。

一些行動如組織「無車日」，讓我們有反思的空間，看到正在侵佔地球的暴力。如果想延續佛陀的慧命，便要激發集體覺醒。我們需要家庭或團體的支援，這是很重要的；當我們所屬的團體，每個成員都修習正念消費，修習正念消費就會變得很容易。我們以僧團、以兄弟姐妹的情誼修習，這樣就沒什麼好擔心的。

# 第十章 大象皇后的眼睛

我們行走的每一步都有治療和轉化的能量。
我們不單能以自己的腳步治療自己，
我們的正念步伐也能幫助療癒大地和環境。

《大般涅槃經》講述佛陀涅槃前的生活、他走過的地方、遇見的人以及他所給予的教導。經中說及佛陀在恆河以北的毗舍離（Vaishali）附近完成了雨安居後，決定向北走，想返回他的出生地迦毗羅衛國。雖然佛陀知道這是他最後一次看到美麗的毗舍離，但他沒有揮手道別。我們在經文中讀到：

佛陀回過頭來，以大象皇后的眼睛最後一次環顧毗舍離，並說：「阿難，你不覺得毗舍離很美嗎？」

以溫柔的目光環視了毗舍離的美麗，佛陀轉身向北繼續他的行程。

當佛陀觀看的時候，他是以大象皇后的眼睛觀看，而得以深觀和覺察四周的一切事物，我們也擁有像佛陀一樣的眼睛和大象皇后的眼睛。如果你深深接觸到周圍大自然的美，你就是在以佛陀的眼睛觀看；你代表佛陀在看，你爲佛陀觀照世界，你成爲佛陀的延續，你這樣做非常仁慈。

因此，當你修習禪坐時，你是爲佛陀而坐。你內在的佛陀端身正坐、你內在的佛陀在享受吸氣和呼氣、你內在的佛陀以正念觀照世界，接觸大自然的美。如果你懂得以佛陀的眼睛觀照大自然的美，你再不會說你的生命沒有意義了。你可以用佛陀的耳朵傾聽，你可以用佛陀的眼睛觀照世界，感謝這一切，你世世代代的子孫也將能如佛陀一般觀看和觀照世界。通過你走路、坐、觀看和傾聽、甚至吃東西的方式，你把佛陀傳承給你的下一代。這是你可以在當下做到的。從今天開始，你可以成爲我們的靈性祖先——佛陀的眞正延續。

我們日常生活中的每一分鐘都是一個機會，讓我們如佛陀般走路、如佛陀般慈悲聆聽、如佛陀般祥和而坐充滿喜悅、如佛陀般深觀和享受世界的美。這樣做，我們就是在幫助在我們之內的父親、母親、祖先和孩子轉化，也是在幫助我們的老師實現他的承諾、他的願望。如此，我們的生命眞正具體地表達了愛的訊息；這般生活，能幫助防止地球暖化而傷害了地球。

當我們深觀自己，可以覺察到天堂的要素存在於此時此地，對我而言，神的國度或佛的淨土並不是空泛的概念，它是一個實相。挺立於山上的松樹是那麼美麗、安穩和翠綠。對我而言，那棵松樹屬於神的國度，屬於佛的淨土。你的孩子臉上的清新笑容屬於天國，你也屬於天國。如果我們能夠覺察到流動的河、藍天、盛放的花樹、鳥兒的歌聲、雄偉的山脈、各種動物、陽光、霧、雪等等生命中數不盡的屬於神的國度的神奇美妙，我們就會盡力保存它們，不會讓它們受到破壞。體悟到地球是屬於神的國度，我們就會珍惜和保護它，那麼我們就能長時間享受天國，我們的子孫也會有機會享受它。

佛陀教導我們，在輪迴之中同樣的痛苦重覆出現，如果我們不修習，就不能走出輪迴的束縛。以正念呼吸、正念步行和正念安住於當下一刻，無需消費和追逐貪戀的對象以求幸福。在梅村的寺院，沒有人擁有自己的銀行帳戶、沒有人擁有自己的私家車或私人的手機。住在這裡的僧尼和在家眾並沒有薪水，但這裡有喜悅和幸福，有兄弟姐妹情誼。我們不再需要「美國夢」。吸氣，我接觸到星星、月亮、雲朵、山脈、河流，當我們安住於念和定，我們所走的每一步都能帶領我們進入神的國度和佛的淨土。

當我們深觀一朵花，我們看到是不同的元素匯聚一起而令這朵花顯現；我們看到雲顯現爲雨，沒有雨，什麼都不能生長。當我接觸花朵的時候，亦是在接觸雲，接觸雨，這不是詩句，這是實相。如果我們從花內抽取雲和雨，就再沒有花朵了。以佛陀的眼睛，我們能看到花內有雲和雨；我們可以接觸太陽而不會燒傷手指，沒有太陽，什麼都不能生長。因此，要從花之中抽取太陽是不可能的。花不可能是個別的實體，花朵和光、雲以及雨相卽，「相卽」(interbeing)比「存在」(being)更接近實相，「存在」的實相是「相卽」。對於你、我，以及對佛陀也是一樣。佛陀和萬物相卽，「相卽」和「無我」是我們觀照的對象。我們要訓練自己在日常生活中的每一刻接觸到「相即」和「無我」的實相。你接觸到雲、雨、孩童、樹、河流、地球，這些接觸顯示了實相的眞正本質，以及無常、無我、相互依存和相即的本質。

我們破壞大地之母，正如細菌和病毒破壞人體。大地之母也是一個軀體。當然，有些細菌對人體有益，能夠保護身體和幫助製造人體所需的酵素。同樣的，如果人類能醒覺，懂得有責任、慈悲、充滿關愛地生活，人類就會成爲有生命的有機體，能夠保護大地之母的軀體，我們要看到，我們和大地之母相即，我們和她生死與共。

覺悟到我們所有人都在同一個家庭中，都是大地之母的孩子，這很美妙。我們應該彼此照顧以及共同照顧環境。當我們能如一個大家庭般一起修習的時候，我們就能夠做得到。個人意識的正面轉變，帶來集體意識的正念轉變。保護環境是最緊迫要做的事。我希望你們能夠花時間一起坐下來，和朋友及家人喝茶和討論這些事情。邀請持地菩薩與你同坐，協助你，然後你決定採取行動保護美麗的地球。改變你的生活方式能即時爲你帶來喜悅。正念呼吸，療癒在此刻開始。

# 正念生活修習

# Practices for Mindful Living

# 環保偈頌

在日常生活中，我們可以透過偈頌修習正念、培養覺察和專注力。在做簡單工作時，如吃飯、洗手、丟垃圾等，念誦偈頌能帶來覺察、平靜與喜悅。念誦偈頌切實有效，你甚至可以為那些自己認為重要的事情創作偈頌，譬如騎單車、披上暖和的圍巾、遛狗等。偈頌提醒我們，每一天，地球都供給我們許多珍貴的禮物。

偈頌把我們的心帶回當下，身心一如，讓我們感到自在、喜悅和安穩，讓我們生活中的每一刻都成為禪修的時刻。

## 邁出一天的第一步

行走於大地
是奇妙體現
步步正念中
令法身顯現

這首偈頌可以在我們早上起床後，雙腳接觸到地面時念誦，也可以在行禪、站立和行走時念誦。「法身」（Dharmakaya）的字面意思，是佛陀的教導「法」（Dharma）的「身」（kaya），是理解和愛之道。佛陀在涅槃前對弟子說：「死去的只是我的肉身，我的法身永遠與你們同在。」「法身」同時具有「一切存在的本質」之意。

所有的現象，譬如鳥兒的歌聲、溫暖的陽光、一杯熱茶……都是法身的顯現。我們同屬於宇宙之中美妙的自然現象，而不需要走在空中或者是走在水面上以體驗奇蹟。眞正的奇蹟是當下的覺醒：在綠色的大地上行走，我們覺察到活著的美妙。當我們如此行走，「法身」將發出光芒。

## 用水

水來自高山
水來自地心
水微妙流動

## 感恩水滿溢

即使我們知道水來之不易，仍習慣把來到我們面前的水視作理所當然。然而細心一想，是水讓地球的一切得以維持生命，我們的身體內百分之七十是水，水讓水果和蔬菜得以生長，我們因此有足夠的食物維持生命。水是我們的好朋友，也是一位菩薩，滋養了地球成千上萬的物種。水的利益無窮盡。在開水龍頭時或者是喝水時，念誦這首偈頌，我們便會看到自己心中有鮮活的流水，因此得以全然清新。讚頌水的這份贈予，能夠培養我們的覺察力，有助延續我們的生命和其他物種的生命。

## 洗手

以清水洗手
祈願所有人
以善巧雙手
保護這地球

我們美麗的地球正處於危難之中。我們耗用她的資源，污染她的河流、海洋，破壞很多物種的棲身地，也包括人類的居所；我們不斷破壞森林、泥土、空氣和臭氧層。因爲我們的無知和恐懼，破壞了這個人類所棲身的星球。地球儲水，水滋養生命。深觀從手上流過的水，你是否有清晰的領悟，以採取行動保存和保護這個美麗的星球——我們的大地母親？

## 深觀空碗

飯碗正空
珍貴食物將盛滿
大地眾生掙扎求存
慶幸我能得溫飽

很多人看到空飯碗，便知道碗中很快會盛滿食物。一個空碗就如一個盛滿了食物的碗，一樣值得讚頌。我們感恩能有足夠的食物。念誦這首偈頌，能激勵我們發願爲饑餓的人們尋找獲得溫飽的方法。

## 享用食物

面前的食物
讓我看到
整個宇宙
養育我的生命

當我們看到碗內盛滿美味的食物，我們應該察覺，地球上有些人正爲饑餓與營養不良所困。深觀我們的碗，我們看到大地母親、農夫以及地球資源不公平分配所帶來的災難。住在北美和歐洲的人習慣享用來自其他國家的食物，例如哥倫比亞的咖啡、西非國家迦納的巧克力、泰國的香米。這些國家出口食物以賺取外匯，但國內很多兒童未能享用他們家庭生產的食物。在進食前，我們可以心存正念，然後合十，深觀那些沒有足夠食物進食的人們。我們正念呼吸三次，再念誦這首偈頌，這有助我們維持正念並實踐簡單的生活方式，以獲得更多時間和能量，改變世界資源分配不公的體系。



大地給予我們生命

並滋養我們
大地也將帶走我們
我們在每個呼吸間經歷生與死

大地是我們的母親。所有生命源於她，也接受她的滋養。我們是大地的孩子，她亦會帶我們返回原地。事實上，我們不斷出生並返回大地的懷抱。修禪的人應能在每個呼吸之中看到生和死。接觸大地，讓你的手指感受泥土。園藝非常美妙，有助大地恢復生機。如果你住在城市中，很少有機會鋤地、種植、或者是灌溉花朵，但你還是能夠發現一小片的園地，珍惜並且照顧它。接觸大地母親，是保持精神健康的美妙途徑。

# 灌溉花園

水和陽光
綠了植物
當慈悲的雨落下
沙漠也成了肥沃的綠洲

水是慈悲的，它爲生命帶來重生。雨賦予農作物活力，避免人們承受饑餓的困苦。觀世音菩薩經常被描繪成左手握著一瓶水、右手持著一條楊柳枝的形象。她灑下慈悲，如甘露，令疲倦的、承受痛苦的心恢復活力。灌溉花園，就是把慈悲的雨灑落在植物上。當我們爲植物灌溉，就是爲整個大地灌溉。灌溉時，如果我們與植物說話，也就是和自己說話。我們和所有顯現的事物有聯繫。很多人覺得孤單，是因爲他們忽略了人與所有事物相互聯繫這個事實。我們不能將自己與社會以及所有事物分離。「此有故彼有」，是佛經中的句子，總結了萬物相互連結的眞義。灌溉植物，體驗慈悲與相互連結，這是非常美妙的禪的修習。

## 回收再用

在垃圾中，我看到玫瑰
在玫瑰中，我看到垃圾
萬物都在轉化中
甚至「永恆」也是無常

當我們丟東西到垃圾桶、堆肥，或者回收再用，可能會聞到難聞的味道。腐爛的有機物尤其難聞，但卻是營養豐富的堆肥，可以滋養園地。玫瑰的芳香與垃圾的臭味是同一存在的兩面，沒有此就沒有彼。萬物都在轉化中，枯萎了六日的玫瑰成了垃圾的一部分。六個月後，垃圾就轉化爲一朵玫瑰了。當談到無常時，我們明白每一樣東西都在轉化。此成爲彼，彼成爲此。我們深觀一物，並在這一物中看到萬物；看到萬物的相互連結和延續性，就不會因改變而煩擾。人的生命不是永恆的，但生命卻是不斷延續的。當我們在其他生命中看到自己，並且超越了每個獨立個體的界限，我們就能在無常中看到永恆，或是在垃圾中看到玫瑰了。

# 五念呼吸練習

本質上我會老。
我無法逃離年老。
本質上我會病。
我無法逃離疾病。
本質上我會死。
我無法逃離死亡。

我所愛的人和物，在本質上會改變。
我無法逃離與愛別離。

我繼承了我的身、語、意的果。
我的行為是我的延續。

正念呼吸的修習能幫助你深觀恐懼的本質和根源。我建議大家用五念作爲正念呼吸的修習：

吸氣，我知道本質上我會老。
呼氣，我知道無法逃離年老。

吸氣，我知道本質上我會病。
呼氣，我知道無法逃離生病。
吸氣，我知道本質上我會死。
呼氣，我知道無法逃離死亡。
吸氣，我知道有一天我要放下所珍愛的人和物。
呼氣，我知道無法帶走他們。
吸氣，我知道除了我的行為、思想和說話，

我不能帶走任何東西。
呼氣，只有我所做過的事伴隨我。

# 深度放鬆

休息是療癒的首要條件。當森林裡的動物受傷，牠們會找個地方躺下，然後休息幾天。牠們不會想著進食或做什麼事情，牠們只是休息，然後就自然復原。當我們承受壓力、生病的時候，我們會到藥房或診所看病吃藥希望得到治療，但我們不懂得停下來。我們不知道如何幫助自己。

我們的身體累積壓力。我們的飲食以及生活方式損害了我們的幸福。深度放鬆提供了一個機會，讓我們的身體能夠休息、療癒以及重獲活力。我們放鬆身體，讓注意力回到身體的每一部分，然後向身體的每一個細胞傳送愛和關懷。

你可以每天至少一次，在家中修習正念呼吸和深度放鬆，你需要二十分鐘或更長時間。你們可以在客廳修習，由其中一位家人帶領深度放鬆的練習，特別是家裡的年輕成員可以學習如何引領家人一起修習深度放鬆。

我認爲在二十一世紀，學校有必要安排一個大的空間用來修習深度放鬆。如果你是一位教師，你可以學習帶領深度放鬆的技巧，邀請你的學生在上課前，或是在上課中途，以坐或躺的姿勢修習。教師和學生可以一起享受正念呼吸和深度放鬆。這可以幫助教師與學生減壓，也可以將靈性的層面帶入學校。如果你的病人懂得正念呼吸及深度放鬆的藝術，他們的自我療癒的能力就能提高，療癒的過程就能加快。

每個國家的議會及國會的成員也可以修習深度放鬆和正念呼吸。有時候，國會的成員會爭辯到深夜，很多成員承受壓力，我們希望國會成員可以放鬆，感覺良好，這樣才能夠作出最好的決定。這個修習不是屬於宗派或是宗教的，這是科學的。即使是一次的修習，已經可以爲修習者帶來很好的效果。

修習深度放鬆很重要。如果你難以安眠、睡眠不足，深度放鬆可以作爲補充。醒著躺在床上，你可以修習深度放鬆，然後隨著自己自然的吸氣和呼氣。有時候這樣做就能安然入睡。即使未能入睡，這個修習也能滋養你，讓你有休息的機會。你還可以聆聽動人的唱誦，這也有助放鬆並獲得滋養。

當我們和其他人一起做深度放鬆，其中一個人可以用下面的提示或者因應情況調節內容來引導這個練習；如果你是自己一個人修習，你可以錄下一個引導讓自己可以跟隨。

## 深度放鬆的範例

讓自己舒服地躺在地上或床上。閉上眼睛，四肢自然朝外，雙手放在身體兩側。當呼吸時，感覺整個身體都躺在地上，感覺全身都貼在地上或床上，包括腳後跟、臀部、手臂、手掌的後方與後腦勺。（停頓）隨著每次呼氣，感覺身體愈來愈往下沈，慢慢地陷到地板裡。（停頓）

察覺呼吸。吸氣時，感覺腹部正在往上升；呼氣時，感覺腹部正在往下降。（停頓）……上升、下降、上升、下降……（停頓）

吸氣，把注意力放在眼睛；呼氣，讓眼睛與周圍的肌肉慢慢放鬆。吸氣，對眼睛微笑；呼氣，把你的愛傳送給它們，讓眼睛好好地休息。在呼吸之間，想想雙眼是多麼可貴。它們讓你可以看到親人的雙眼、美麗的日落，讓你能讀書、寫字，能看到空中的飛鳥，還能看電影。因為雙眼，你可以做這麼多事。花一些時間感謝擁有雙眼的幸福，讓雙眼好好地休息，向你的眼睛傳送愛和感謝。（停頓）

吸氣，把注意力放在嘴巴；呼氣，讓嘴巴與周圍的肌肉慢慢放鬆……你的嘴唇是花瓣……讓溫柔的微笑在你的唇上綻放……。微笑放鬆了你臉上的肌肉……感受你臉頰的……你下巴的……你喉嚨的緊張都放下了……（停頓）

吸氣，把注意力轉移到肩膀；呼氣，放鬆肩膀，讓肩膀陷到地板去……讓累積的所有壓力完全流入地板裡……。我們把太多的壓力放在肩膀了，現在我們把溫柔與關懷傳送到肩膀上，讓它們放鬆。（停頓）

吸氣，把注意力移到雙臂；呼氣，讓雙臂放鬆。讓雙臂陷到地板去……你的上臂……你的下臂……你的手腕……你的手掌……你的手指……所有微小的肌肉……你也可以微微動動手指，幫助肌肉放鬆。（停頓）

吸氣，把注意力轉移到心臟；呼氣，放鬆心臟。（停頓）當我們工作、進食、緊張和焦慮的時候，我們總是忽略了心臟……（停頓）心臟日夜分秒運作……專

注溫柔地擁抱心臟……承諾好好照顧自己的心臟。（停頓）

吸氣，把注意力放到雙腿；呼氣，讓雙腿所有細胞都慢慢放鬆。釋放雙腿的所有緊張……大腿……膝蓋……足踝……雙腳……腳趾……所有腳趾上的肌肉……你也可以微微動動腳指，幫助肌肉放鬆。向你的腳趾送上溫柔與關懷。（停頓）

吸氣，呼氣……我的整個身體感到輕盈……像浮在水面的浮萍……我無處要去……無事要做……我自在如天上的浮雲……（停頓）

如果你是在引導其他人練習「深度放鬆」，現在你可以用幾分鐘唱幾首柔和輕鬆的歌。（停頓）

將注意力帶到呼吸……感覺腹部的起伏。（停頓）

隨著呼吸，覺察自己的手臂和腿……可以動一下，伸展一下。

慢慢地張開眼睛，慢慢地將身體轉向右側，用右手支撐身體，很平靜地、輕柔地坐起來。試著將剛才所凝聚的平靜和正念帶到日常生活中，讓自己整天都保持在這樣的能量裡。

在這個練習，你可以將覺察帶到身體的每一個部位：頭髮、頭皮、頭部、耳朵、脖子、肺部、內臟、消化系統、骨盆以及身體任何一個需要注意和治療的部位，擁抱每個部位，用我們的覺察和正念呼吸向這些身體部位送上愛、感激和關懷。

# 接觸大地

修習接觸大地，讓我們回歸大地，重歸我們的根和我們的祖先，也讓我們認識到自己不是單獨存在的個體，而是與許許多多靈性祖先及血緣祖先聯繫在一起的。我們是他們的延續、與他們緊扣在一起，我們也將繼續與自己的子孫在一起。修習接觸大地時，我們會從自己是單獨孤立的觀念中解放出來，提醒自己我們是大地、生命的一部分。

接觸大地的時候，我們變得渺小，有著小孩子的謙卑與單純；接觸大地的時候，我們變得偉大，像一棵古老的大樹，樹根深植在泥土中，吸吮著萬源之水；接觸大地的時候，我們吸入大地所有的力量與穩固，呼出我們所有的痛苦──憤怒、憎恨、恐懼、缺乏與悲傷的感覺。

修習接觸大地時，我們站立著，雙手合上如蓮花的花蕾，然後慢慢地俯身，四肢及前額貼在地上，雙手手掌朝上，以表達我們坦誠開放地接受佛法僧三寶美善的能量。經過一兩次修習接觸大地之後，我們已經能夠釋放痛苦和疏離的感覺，和我們的祖先、父母、孩子和朋友和好了。

# 五項觸地法

## 第一項觸地法

感恩合十，

我禮敬歷代祖先和父母雙方血緣家族。

敲鐘

觸碰大地

我看到父母的血肉和生命在我每個細胞和血管中流動。通過我的父母，我看到我的祖父母和外祖父母。他們的能量、期望、憧憬，以及歷代祖先的智慧和經驗，都傳承給了我。在我之中有著歷代祖先的生命、血統、經驗、智慧、幸福和苦痛。我正修習轉化他們傳遞給我的缺點和苦痛，我敞開身心接受他們傳遞給我的智慧、經驗和慈愛。我的根在父母、祖父母和祖先之中，我只是祖先和宗族的延續。請父母、祖父母和祖先護佑我，傳遞更多能量給我。我知道無論子孫在哪裡，祖先就在那裡。我知道所有父母和祖父母，都庇佑並護持子孫，儘管有時他們在生命裡遇到困難或不幸，因而未能表達他們對子孫的愛和庇佑。我看到歷代祖先在感恩、喜悅、信任、尊敬、慈愛的基礎上勉力創造出一套生活方式。我是祖先的延續，在此深深禮敬，接受血緣家庭和祖先的能量。請祖先庇佑護持我。

三次呼吸

敲鐘

起立

## 第二項觸地法

感恩合十，
我禮敬佛陀及靈性家族歷代祖先。

敲鐘

觸碰大地

在我之內我看到我的老師們，您們教導我諒解、愛、呼吸、微笑、放鬆和活在當下。通過我的老師們，我接觸到歷代聖賢，接觸到釋迦牟尼佛和諸菩薩。二千六百年前，釋迦牟尼佛開創我們的靈性家族。佛陀是我的老師，也是我的靈性祖先。在我之中，有佛陀、祖先、歷代聖賢的能量，令我的心平靜、安樂，充滿理解和愛。佛陀教導我的血緣家庭，為國家民族建立美善的生活方式。如果沒有佛陀、沒有祖先、沒有老師，我不會懂得如何修習，為自己和家庭帶來喜悅和平安。我敞開身心，接受您們的經驗、智慧、慈悲、關愛和保護。我是佛陀和所有靈性祖先的延續。請您們傳遞給我慈愛、安樂和安穩的能量。我願修習以能轉化內心和世界的苦痛，也願把佛陀和靈性祖先的能量傳遞給我的子孫。

**三次呼吸**

**敲鐘**

起立

# 第三項觸地法

感恩合十，

我禮敬這片土地以及開創土地的歷代祖先。

敲鐘

觸碰大地

我在這片土地上，看到所有曾經努力開墾、保護和建設的祖先。我看到孔孟、老莊（可以加上你敬愛的人），以及為人所知或不為人知的祖先，我願與您們一起，以才智和堅忍，令這裡成為許多不同民族與不同膚色的人的皈依處。您們建立學校、醫院、橋樑、道路、市集。您們設立人權、法律、科學發明，提高生活素質。我接受過去生於這片土地的所有祖先，您們與所有生物和大自然一起安寧生活。我在這片土地生活，也學習與大自然以及所有人和諧共處。我感覺這片土地的能量滲透在我之中，支援我，保護我。我願繼續保存和延續這能量之流。我願幫助轉化社會中的暴力、仇恨和無明。請祖先保佑和指引我們。

三次呼吸

敲鐘

起立

# 第四項觸地法

感恩合十，我禮敬血緣家族和靈性家族，請庇佑所有我愛的人。

敲鐘

觸碰大地

我願把我接受到的所有能量，傳遞給我的父親、母親和所有我愛的人。他們曾因為我的笨拙和愚昧而痛苦、擔憂和苦惱；或者因為他們艱難的環境和不幸的遭遇而擔憂苦惱。我願將這能量源傳遞給我的父親、母親、兄弟姐妹、丈夫、妻子和子女，願他們的心平靜安和，轉化心中的苦痛，感受生命的喜悅。我全心全意祈願他們幸福安樂。我知道，如果他們安樂，我也安樂。在我心中，不再對他們存有絲毫怨恨或指責。我禮敬祖先，願血緣和靈性家族中的祖先，保佑和指引我所愛的人、我發願愛護和照顧的人。我知道我並不是獨立存在的，我和我所愛的人是一體。

三次呼吸

敲鐘

起立

## 第五項觸地法

我帶著理解與慈悲，禮敬血緣家族和靈性家族

請庇佑令我痛苦的人

**敲鐘**

**觸碰大地**

我打開心扉，傳遞理解和愛的能量給曾經令我痛苦的人。我知道他們曾經歷許多艱辛，心裡承受著痛苦、憤怒以及憎恨。我知道承受著這麼多痛苦的人會為別人帶來痛苦。我知道他們不夠幸運，他們可能從童年時就已缺乏照顧和關愛，

不斷地遭到生活折磨和迫害。我知道他們可能缺乏學習和修習的機會，對生命、對於我以及其他人都有錯誤的認知，因而令自己受苦，令他們所愛的人受苦。我請我的血緣家族和靈性家族的祖先傳遞理解和愛的能量給他們，令他們的心能夠接受慈悲的甘露，能夠像花朵般開放。我祈願他們能夠轉化痛苦，找到生命的喜樂，心中沒有怨恨，不再令自己和別人痛苦。我看到他們的痛苦，我不想對他們存有憎恨及憤怒，也不想他們遭受痛苦。我向他們傳遞理解和愛的能量，並祈願我的祖先幫助他們。

三次呼吸

敲鐘

起立

# 地球和平約章

下表列出了我們可以在日常生活中，採取行動以減少我們的生態足跡對環境造成的破壞。請細閱，如果你受到啟發，承諾在生活中實踐某些項目，你可以在空格上打「√」。某些項目，如果你已經在做了，請在空格上打「×」。完成後，請將你的承諾影印在紙上，你可以隨身攜帶作爲提醒。

我（名字）＿＿＿＿＿＿，

承諾做到以下事項：

□走路或騎自行車上班，每星期＿＿＿天。

□十公里之內的目的地，以步行或騎自行車前往。

□和別人共用車輛或用公共交通工具上班。

□減少搭乘飛機至每年飛行少於＿＿＿小時。

□每個星期實行一日無車日。

□每個月實行一日無車日。

□每個星期實行一日在家工作。

□減少駕車旅行百分之＿＿＿。

□用樓梯不用電梯。

□每個星期實行一日無電日。

□審查家中的能源，加強能源的效益。

□購買太陽能板，在家中裝置。

□購買可再生能源發電（風力、地熱）。

□衣服自然風乾（不用烘乾機）。

□減少使用吹風機等同類電器。

□購買本地生產品支援農夫以及減少食物里程。

□嘗試家種食物。

□不用農藥或者除草劑。

□增加購買百分之＿＿有機食物。

□加入我家附近的支持農業組織。

□家中的燈泡改用省電燈泡。

□不在家中用空調。

□減少百分之＿＿在家用空調量。

□減少百分之——在家用暖氣量。
□空調加裝省能的自動偵測調溫器。
□在家中安裝節能保溫窗。
□實踐素食。
□駕駛省能汽車。
□避免購買有大量包裝的物品。
□以可重覆使用的環保餐具代替紙餐巾、紙杯以及紙碗等。
□盡量使用圖書館代替購買書籍。
□使用布袋或其他環保袋購物。
□使用可生物分解的清潔產品。
□實踐廚餘堆肥。

□鼓勵辦公室和學校實踐廢物回收再用。

□將雜誌等刊物捐贈給醫院等機構，互相分享資源。

□盡量將所有東西多次使用或是再生使用。

□在二手衣店或是廉價店購買衣服。

□種植原生植物和耐旱植物。

□在我家附近種______棵樹。

□不用電腦的時候關掉電腦。

□為電器安裝配電盤，避免流失電源。

□設定電腦和顯示器在閒置十分鐘後自動關閉。

□減少百分之______熱水耗用量。

□洗熱水澡盡量減少時間。

□安裝太陽能熱水裝置。

□用過的水作多用途再利用。

□只在必需的時候沖馬桶。

□刷牙或刮鬍子的時候關掉水龍頭。

□減少＿＿用水量。

□安裝收集和儲存雨水的系統。

□撿拾步行／慢跑路線上的垃圾。

□鼓勵一位朋友實踐這個表上的項目。

□學習更多關於生態的資訊。

□撰寫文章／故事，幫助他人接觸生態系統。

□每週一次深觀我和我所居住周圍的生態系統的關係。

□每週一次深觀我如何可以減少消費，並採取行動。

□寫信給本地或本國政府，呼籲政府制定更保護環境的法律。

□支援本地的環保機構。

加上我自己提出的承諾：

請寄電郵給我，提醒我許下的承諾，並通知我關於鹿苑寺將要實行的生態計劃。

Email: ______________________

我承諾實踐以上我所選擇的項目，以減少我的生活方式對地球生態造成的影響。

簽名：______

日期：______

寄至：

Deer Park Monastery（鹿苑寺生態小組）

2499 Melru Lane, Escondido, CA 92026, USA

InSpirit 03

# 正念共好：
# 當我們觀想自己為一棵樹…

線上讀者回函　自由之丘官網

作　者　一行禪師(Thich Nhat Hanh)
譯　者　汪　橋

總編輯　張瑩瑩
編　輯　王智群
行銷企劃　林麗紅
封面設計　周家瑤
內頁排版　劉孟宗
出　版　自由之丘文創事業／遠足文化事業股份有限公司

發　行　遠足文化事業股份有限公司
地址：231 新北市新店區民權路 108-2 號 9 樓
電話：(02) 2218-1417　傳真：(02) 8667-1065
電子信箱：service@bookrep.com.tw
網址：www.bookrep.com.tw
郵撥帳號：19504465 遠足文化事業股份有限公司
客服專線：0800-221-029

**讀書共和國出版集團**

社長：郭重興
發行人兼出版總監：曾大福
業務平臺總經理：李雪麗
業務平臺副總經理：李復民
實體通路協理：林詩富
網路暨海外通路協理：張鑫峰
特販通路協理：陳綺瑩
印務：黃禮賢、李孟儒

法律顧問　華洋法律事務所蘇文生律師
印　製　前進彩藝有限公司
初　版　2012 年 10 月
二　版　2021 年 5 月

歡迎團體訂購，另有優惠價，請洽業務部 (02) 2218-1417 分機 1124、1135

**國家圖書館出版品預行編目 (CIP) 資料**

正念擁抱大地：當我們觀想自己為一棵樹…／一行禪師 (Thich Nhat Hanh) 作；汪橋譯．二版．新北市：自由之丘文創，遠足文化，2021.5；176 面；13×19 公分
譯自：The World We Have: A Buddhist Approach to Peace and Ecology

佛教修持；生活指導；Ecology; Peace; Buddhism

225.87　　110005716



ISBN 978-986-989-457-9 (平裝)
ISBN 978-986-989-459-3 (epub)
ISBN 978-986-065-050-1 (pdf)